気軽な保存食

初めての少量手作り

村上昭子 Murakami Akiko
杵島直美 Kijima Naomi

むらかみ　あきこ
1927～2004年。東京生まれ。
料理研究家の草分けの一人。
和風家庭料理の第一人者として、
テレビ・ラジオや雑誌などで活躍。
昭和初期に家庭で作られていた
懐かしい「おふくろの味」を中心とした
和風のお惣菜を、作りやすいレシピで
数多く紹介し続けた。
著書『これだけは、作りつづけて
ほしい味』（文化出版局）
『村上さんちは毎日手作り』（学習研究社）
ほか多数。

世の中が便利になって、必要なものはいつでもどこでも買える時代になりました。食材もたいていのものは四季に関係なく手に入り、食事を作るひまがなければ外食もできるし既製品もあります。そんな時代にあって、この本ではあえて家庭での手作りをおすすめしています。それも、食卓では脇役の保存食を紹介しました。

私が子どものころ、新潟に住む母方の祖母から、毎年秋になると山でとれた柿や栗などといっしょに、梅干しが樽で送られてきました。冬間近には野菜のみそ漬けが届きました。東京で呉服屋をしていたわが家では、商売が忙しくて母は漬物作りどころではなかったので、私たちは季節ごとの到来品を心待ちにしていました。私は女学校３年の春休みに、祖母の家に初めて遊びに行ったとき、保存食が手作りされる光景をつぶさに見ることができました。軒先にはみそにするみそ玉がたくさん下がり、山菜は干したり塩漬けにされました。祖母が旬の素材を使って常備菜や保存食を器用に作る姿に感激し、あこがれもしました。この思い出が私の手作りへのこだわりになっているように思います。

その後料理研究家となった私は、さまざまな食品との出会いの中で、手作りのよさを再認識し、手作りのものでわが家の食卓をととのえてきました。

昨今のうまみ成分を添加した食品に舌が慣れていると、手作りのやさしい味は物足りなかったり、漬物の熟成した味にはなじめなかったりするようですが、このような味はなぜか歳をとると好きになるものです。今は嗜好に合わなくても、興味を持っていると、いつか役立つときがくると思います。

手作りをしてみると、自然の素材を通して季節が感じられ、作る楽しさはストレス解消にもなります。また熟成を待つ間には、素材の変化の妙に驚くこともしばしばです。冷蔵庫の中にいつもなにか手作りのものが入っている安心感は、食卓の豊かさにつながるとともに家族の幸せにもつながると信じています。

私の手づくり考　　村上昭子

1995年刊行『気軽な保存食』より

もくじ

Contents

本書の使い方

- 材料表に人数分の表記がないものは作りやすい分量を示しています。
- 本書で使用している計量器具は、計量カップ＝200mℓ、大さじ＝15mℓ、小さじ＝5mℓ、1合＝180mℓです。
- とくに断り書きのないかぎり材料表に示した分量は正味重量です。
- 栄養価は1人分、1個分など最小単位を基準とし、実際に使う量を算出してあります。
- 塩はすべて粗塩（天然塩）を使用しています。大さじ1＝15gです。材料表では塩と表記しました。
- 砂糖は上白糖、しょうゆは濃口しょうゆを使用しています。
- 漬物の重石には、おもに3種類の使い方があります。

①素材の2倍重量の重石――一般的な保存漬けに使用します。市販の重石がない場合には、落としぶたの上にガラスのボールを置き、水を入れて重量を加減して使う方法が手軽です。
②素材と同じ重量の重石――比較的短時間の漬物に使用します。また、①の重量では素材がつぶれてしまうのを防ぐ目的で、途中から重石を軽くするさいにも使用します。
③ごく軽い重石――塩水など液体に漬ける場合に、素材が浮き上がるのを防ぐ目的で使用します。ガラス皿などが便利です。本書で重石を使用する場合、これらを目的に応じて使い分けています。

きじま　なおみ
料理研究家。1954年東京生まれ。
成城大学文芸学部卒業。
母・村上昭子のマネージャー兼
アシスタントとして料理の世界に入り、
独立。テレビや雑誌・新聞、
料理教室の講師など多方面で活躍。
基本をふまえながら、新しい素材や
調理法を取り入れて、
時代にあった作りやすいレシピを
数多く提案している。
著書『村上昭子と杵島直美の
漬物じょうず』（NHK出版）
『つけもの漬けよっ。』（主婦と生活社）
ほか多数。

　ひと昔前までは季節の味を長く楽しむために、家庭で保存食を作る習慣がありました。その知恵を次世代につなげたいという思いから、母は保存食の少量手作りを提案しました。家族の人数が少なくなったので、少量作って冷蔵庫で保存できるようにくふうしたのです。

　この本が母の手によって出版されてから、12年。「少量手作り」の感覚もずいぶん変わったように思います。

　たとえば白菜漬けですが、一度に一株漬けたのでは少人数の家庭では食べきれません。そこで今回は半株で作りました。また、たくあん漬けでは、母は大根を干すところからはじめる作り方を紹介しましたが、この方法は、気候の温暖化や干す場所の確保などでむずかしくなっているのです。ですから私は、干し大根一束を求めてむだなく利用する、今の時代に合った作り方を提案しました。購入できる一束が７～８本ですから、たくあんだけでなく、冷蔵庫で保存のきくいろいろな保存食に展開しました。

「たくあんは漬けたいけれど、干し大根一束分食べきれない」と手作りをあきらめていたかたがたに、保存食作りの楽しさやおいしさを体感していただきたいと考えたからです。

　このたびの復刻版で、母から受け継いだレシピはすべて再現し、必要なところは今の時代に即した作り方に改めたり、分量の見直しも行いました。さらに、私なりの新しいレシピを「杵島直美のいまどきレシピ」のなかで紹介しました。

　本書をとおして、母が伝えたかった保存食を作る楽しさを、また保存食が身近かで手軽なものであることを、さらに多くの新しい読者のかたに伝えることができるように願っています。

いまどきの手づくり考　杵島直美

2007年復刊によせて

もくじ

Contents

初めての

母が手作りでもっとも夢中になったものは梅干しでした。新潟の祖母から教わった「梅一升に塩一升」の梅干し作りから始まって、工夫を重ねて、10%塩分の梅干し作りにまでたどり着きました。この頃母は高血圧で減塩をすすめられていたのです。

　母から受け継いだ10%塩分の梅干し作りは、低塩ぎりぎりのものでしたが、温暖化や住宅事情の変化によって、むずか

しくなってきました。私はこの本で、15%塩分の梅干し作りをご紹介します。これによってカビの心配から解放されました。15%塩分の梅干しは味もこなれており、これこそがいい塩《あん》梅《ばい》なのではないでしょうか。

梅の出回る季節は1か月ほど。小梅に始まり、青梅、熟した黄色い梅へと変化していきます。それぞれに梅の持ち味がありますので、それを生かしたさまざまな保存法をご紹介します。

梅仕事

梅は、出始めたな、と思うとあれよあれよという間に小梅、青梅、熟した黄色い梅へと変化します。のんびりしていると、買うタイミングを逃すことにもなりかねません。漬ける容器や重石などの準備をして八百屋の店先の梅の様子を見ながら、漬ける日を決めましょう。

小梅のかりかり漬け

すぐに食べられる梅漬け

初夏の八百屋さんの店先に一番にお目見えする梅は小粒の青梅。塩で漬けて1週間もすればさわやかな青梅のかりかり漬けが食べられます。その半量に赤じそを加えて、赤い色の小梅漬けにしましょう。梅仕事が初めてのかたにぜひおすすめしたい簡単な梅漬けです。赤青2色のかわいい梅は、お弁当の彩りにもいいし、和菓子のあと口にも喜ばれます。

赤青小梅のかりかり漬け

●材料

小梅(青梅)……………… 1 kg
漬物用塩(梅の10%)…100 g
焼酎(35度)………………1/4カップ
赤じそ…1束(葉だけで250 g)
漬物用塩………………大さじ1

※漬物用塩は精製されていない塩で、市販品には粗塩とか天然塩とか書いてあります。早くとけて早く材料の水分を引き出すとともに、海水のにがり成分が素材を味よく漬け上げます。

小梅は1kg全部を塩漬けにし、まず青梅のかりかり漬けを作ります。

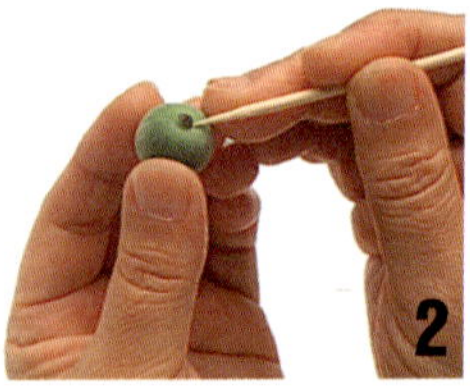

2

1

❶梅はそのままでは苦いアクがあります。これを除くために、ざっと洗って水に1時間ほどつけます。そのあと、ざるに広げて水けをきります。

3

❷梅のなり口に黒い部分があり、残しておくと苦みのもとになります。これは竹串で簡単にとれます。

❸水けを完全にとるために、かわいたふきんに梅を少しずつとっては皮を傷つけないようにふき、かわいたざるに移します。

小梅の選び方

カリカリッと漬け上げるには、果肉のかたい新鮮な青梅を選んでください。黄色く熟したものや、青梅でも八百屋さんで日にちのたったものはかりかりには漬かりません。

梅仕事の容器や道具は酸に強く清潔なものを。

梅の酸はたいへん強いので、プラスチックや金属類では腐食します。漬け込む容器は、酸に強いほうろう製が最適で、取っ手のついているものが便利です。小梅1kgなら直径18～20cm、高さ18cmくらいのものがころ合いでしょう。冷蔵庫に収納するときは、ほうろう、ガラス、陶磁器などのふたつき容器を。ざるは、酸に強く水ぎれもよい木や竹の盆ざるがおすすめです。

減塩で長期間保存するかりかり漬けは、カビの予防をしっかりしておきましょう。容器や道具は洗って直射日光に当てたあと、消毒用のアルコールをカット綿やペーパータオルなどに浸したものでふいて殺菌しておきます。

冷蔵庫で保存したら

夏まではカリカリした食感を楽しめます。半量は赤じそを加えて赤じそ漬けにします。しだいにやわらかくなるので、土用干しをして小梅干しにするのもよいでしょう。

塩分が少ないので、大梅の梅干しができあがるまでには食べきりましょう。

4

❹容器に下処理した梅を全部入れ、塩をふり入れます。

5

❺焼酎をまわしかけます。このかりかり漬けは減塩なので、焼酎のアルコールで、カビの予防をするのです。

6

❻容器を2～3回、上下を返す要領であおるようにして揺すります。こうすると塩が早くとけて、漬け汁が早く上がります。漬け汁は梅から出る液のことで、白梅酢ともいい、梅のエッセンスのようなものです。

7

❼梅の表面を全面おおう落としぶたをして、梅の重さの2倍の重石をかけます。重石が軽いと漬け汁が上がりにくく、カビのもとになります。ふたをして涼しい場所に保存します。

❽一日1回は重石と落としぶたをはずし、塩が早くとけるように、容器をまわすようにして揺すります。こうして毎日手をかけることが、おいしさを生むコツです。

9

❾5日ほどすると、水が落としぶたひたひたまで上がり、梅の色はモスグリーンに変わります。こうなれば、もう食べられます。ここから先は冷蔵庫に保存します。

赤じそが出まわったら、青梅の半量をしそで染め、赤梅のかりかり漬けを作ります。

⑩塩もみしたしその葉（18ページ参照）の半量をボールに入れてほぐし、冷蔵庫の容器の白梅酢の半量を加えます。透明な白梅酢が一瞬のうちに澄んだ赤色に染まります。

10

11

⑪塩漬けした梅を加え、菜箸でしそと混ぜ合わせます。

12

⑫保存容器に、梅としそが平均に混ざるように移します。

⑬ボールに残った赤梅酢を全体にかけます。

14

⑭ふたをして冷蔵庫で保存します。梅は赤梅酢に浸ったところから色づくので、様子をみては上下を菜箸で返し、まんべんなくきれいな色に染まるようにしてください。

13

1個分（4ｇとして）2kcal塩分0.3ｇ

COLUMN

塩もみした赤じその½束分で「赤じそ酢」を作りませんか。

「赤じそ酢」は、塩もみしてアク抜きした赤じそに酢を入れたもので、しその香りのよい赤い酢が作れます。大根、かぶ、うど、れんこんなどのあえ物や酢の物に少し加えると、素材がピンクに染まり、食卓がはなやかになります。

かりかり漬けの赤梅酢をこのような調味料として使うこともできるのですが、ほんの少ししかとれないので、赤じそ酢を作っておくと重宝します。

●材料

塩もみした赤じそ ……½束分

酢 ……………1½～2カップ

●作り方

塩もみした赤じそ（18ページ参照）の半量を保存びんに入れて酢を注ぎ、菜箸でほぐします。酢が赤く染まれば使えます。冷蔵庫に入れなくても1年は保存可能です。

※かりかり漬けの赤じそを使わずに、新たに赤じそを買って作るときは、葉の重さの6％の塩でもんでください。

青梅の砂糖漬け

大人にも子どもにも喜ばれます

カリッとした歯切れのよさと甘ずっぱさは、暑い日の清涼剤。夏休みの子どものおやつやひと汗かいたあとのお茶うけにどうぞ。漬け汁は氷水や炭酸水で割ったり、シンプルな味のアイスクリームやシャーベットにかけたりして楽しみましょう。

梅の選び方

出始めの大粒の青梅の、かたくて新鮮なものを選びます。青くても鮮度の落ちた梅や、黄色みがかってきたものでは、実がうまく割れず、カリッとした歯切れのよい砂糖漬けにはなりません。

●材料

青梅……………………… 1 kg

砂糖 ……………………700 g

❶たっぷりの水に1～2時間つけて梅のアクを抜き、ざるにあげて水けをきります。さらに、かわいたふきんで水けを完全にふきとります。

❷なり口の黒い部分を竹串を使って除きます。残っていると、漬け汁に苦みが出ます。

❸青梅を割ります。まず、梅は縦に走る溝の部分を上にしてまな板に置きます。

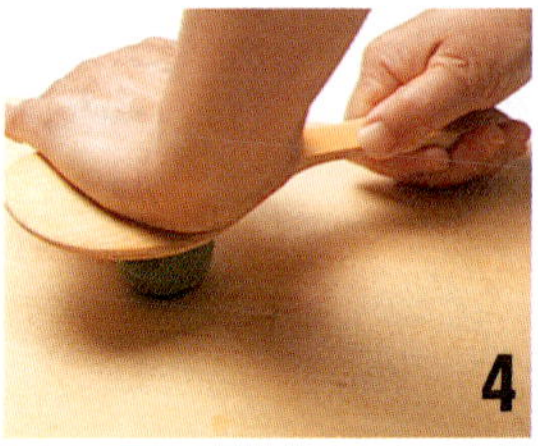

❹木じゃくしを当て、体重をかけてグイッと押し割るか、木じゃくしでポンと勢いよくたたきます。種のとれるものはとり、とれないものはそのままでかまいません。

❺ガラスかほうろうのボールに砂糖を入れ、割った梅はそのつど砂糖の中に埋め込み、ときどき混ぜます。割れた梅は空気に長く触れると変色してしまいます。

❻梅を全部割って砂糖とよく混ぜてラップをかけます。途中で2～3回混ぜて常温で一日おきます。梅からひたひたになるくらいの汁が出ます。

COLUMN

保存中に
発酵し始めたら…。

冷蔵庫に保存していても、下のほうからツーッと泡が立ってきたら発酵がはじまっています。梅は別の容器にいったんとり出し、漬け汁はほうろうなべに入れてアクを除きながら煮立て、さまします。保存びんは洗ってかわかし、梅を戻して汁を注ぎます。
梅が汁から顔を出しているとやわらかくなってしまうので、常に梅が液に浸っているように保存しましょう。

[redacted]

1回分(20ｇとして)
0.7点(59kcal)

冷蔵庫に入れて4～5日たった砂糖漬け。梅は漬け汁にすっぽり浸り、梅の色はモスグリーンに変わります。こうなったら、梅も漬け汁も食べられます。

❼梅は、菜箸で1個ずつ汁をふりきりながら保存びんに入れます。ボールに残った汁ととけ残った砂糖を、ほうろうなべに移します。

❽なべを火にかけ、アクをすくい捨てながら、砂糖を完全に煮とかします。火を消して完全にさまします。煮すぎると、さめたときに液があめ状になるので注意します。

9

❾⑦の梅を入れた保存びんに⑧の漬け汁を注ぎ、冷蔵庫で保存します。

梅酒

お菓子にも使いたい

梅酒は古くから、楽しみのお酒としてだけではなく、薬効が尊ばれてきました。梅の薬効成分が焼酎にほどよくとけ出すせいか、夏バテ気味のときはことのほかおいしく、元気が出るような気がします。食前酒にすれば、食欲も増します。冷やしてそのまま飲んだり、オンザロックや水割りにも。冬はお湯割りにしてもおいしい。

梅の選び方

梅酒には出はじめのカリカリとした青梅を使いますが、小梅でもよいでしょう。熟した梅は梅酒には向きません。

●材料

青梅……………………… 1 kg
氷砂糖[※1]（青梅の60～70％）…………………………600～700 g
ホワイトリカー[※2]（35度）1.8 ℓ

※１梅酒に使う砂糖には、氷砂糖をおすすめします。氷砂糖は純度が高く、上白糖やグラニュー糖に比べてゆっくりとけるので、梅のエキスを急がずに引き出し、梅酒がじっくり熟成するのに好つごう。

※２梅酒に使うアルコールは、ブランデーやウイスキーなど好みのものでかまいませんが、昔からの梅酒は焼酎を使います。ただ、くせのある焼酎は梅の持ち味を殺しますので、果実酒用のホワイトリカーが無難です。

1

2

3

❶梅は洗ってふきんで水けをふきとり、なり口の黒い部分は竹串でとります。保存びんに梅と氷砂糖を交互に入れ、ホワイトリカーを静かに注ぎ入れ、ふたをします。

❷光の入らない涼しい場所に保存します。漬けた当初は、梅は沈んでいます。

❸漬けて約１か月の梅酒。梅は色が変わり、浮いてきますが、漬かるにつれて沈み、しわが出てきます。３か月たったころから飲めますが、こくのある梅酒を味わうには１年待ちましょう。１年たったら梅は取り出し、実はシャーベットや梅かんてんに。

梅酒シャーベット

●材料／６人分

｛梅酒……………………… 1 カップ
｛水………………………… 2 カップ
｛粉ゼラチン……………… 5 g
｛水………………………… 大さじ 2
｛水………………………… ½カップ
｛砂糖……………………… 大さじ 4
梅酒の梅………………… 4 個
干しあんず……………… 3 個

❶ゼラチンに水大さじ２をかけてふやかしておきます。

❷梅酒と水を合わせます。

❸水に砂糖を加えて火にかけ、砂糖がとけたら火を消し、①を加えてよく混ぜます。②を加えてよく混ぜ、金属製の平たい容器に移して、さめてから冷凍庫に入れます。

❹梅は種を除いて細かく刻み、干しあんずは水につけて少しふやかしてから刻みます。

❺③は１時間に１回くらいの割合で、フォークで全体をよく混ぜ合わせます。３～４回目で④を加え混ぜ、さらにときどきかき混ぜながら凍らせます。

１人分1.3点（101kcal）

梅かんてん

●材料／２個分

｛棒かんてん……… 1 g（1 cm）
｛水………………………… ½カップ
｛梅酒……………………… ¼カップ
梅酒の梅１個（種ごとで25 g）

❶かんてんはほぐして洗い、水けを絞って小なべに入れます。分量の水を加え、５分ほどおいてふやかします。

❷梅酒の梅は半分に切り、種を除きます。

❸①のなべを弱火にかけ、混ぜながらかんてんを完全に煮とかします。梅酒を加え、再び煮立ったらすぐに火を消します。

❹器に②の梅を１切れずつ入れ、③を等分に注ぎ、あら熱がとれるまでおきます。冷蔵庫に入れて冷やしかためます。

１個分0.6点（45kcal）

プロセスを見ながら2kgで作る

梅干し

私のご紹介する梅干しは、
塩分15%の減塩梅干しです。
塩と少量の焼酎だけで漬け込む
自家製の梅干しは、
梅そのものの味をひきだします。

梅の選び方

青梅の出盛りが過ぎて、黄色みがかってきたころが梅干しの漬けどきです。このような梅で漬けた梅干しは、口ざわりがやわらかで、香りもよいものができます。傷や黒い斑点の出たものは鮮度が落ちているので避けましょう。

品種は、和歌山の南高梅、大分の豊後梅などの大粒で香りの高いものが最高ですが、値が張ります。値段の手ごろな梅や家庭の庭の梅でも、じょうずに漬ければおいしくできます。

●材料

梅…………………………2kg
漬物用塩(梅の15%)…300g
焼酎(35度)………………1/2カップ
赤じそ…2束(葉だけで400g)
漬物用塩………………大さじ2

※漬物用塩は精製されていない塩。市販品には包装に粗塩とか天然塩とか書いてあります。とけるのに時間がかからず材料の水分を速やかに引き出します。海水のにがり成分は素材を味よく漬け上げる効果もあります。

下漬けは、重石をしっかりして水を早く上げましょう。

❶梅はさっと洗い、かぶるくらいの水に1～2時間つけます。水につけると、漬け上がったときに果肉と種が離れやすいので食べやすくなります。

❷梅をざるにあげて水けをきり、かわいたふきんでていねいにふきます。ふきんがぬれたら、別のかわいたふきんにかえてふきます。

❸なり口の小枝を竹串でとりのぞきます。

❹容器に梅を全部入れ終えたら、塩をふり、焼酎をまわしかけます。容器を上下にあおって塩を梅全体にまぶすようにします。

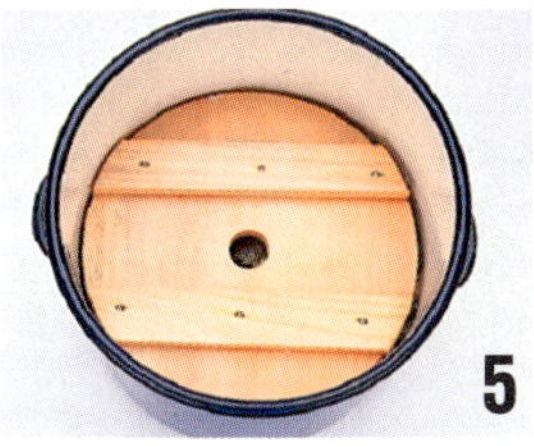

❺容器にすっぽりおさまる落としぶたをします。落としぶたが小さいと、梅に均等に重石がかかりませんから注意してください。

❻梅の２倍の重さの重石をのせ、涼しい場所に置きます。重石が軽いと水(白梅酢)の上がりが悪く、カビの原因になります。実のかたい梅の場合は特に汁の上がりが悪いので、重石は2.5倍くらいにします。

❼一日１回、重石と落としぶたをはずし、容器を上下を返す要領であおるように揺すります。こうすると塩が早くとけて、汁の上がりがよくなります。

❽重石をはずしても汁がひたひたに上がるようになったら、重石は梅と同重量まで軽くします(２kgのもの１つ)。重いままでは梅がぺちゃんこになるからです。ふたをして涼しい場所に置き、赤じその出るのを待ちましょう。

COLUMN

梅干しを漬ける容器は、酸に強く傷のないものを。

梅を漬け込む容器は、梅の酸に強く、漬け込んだあとであおって揺すりやすいように、ほうろう製で取っ手つきの容器をおすすめします。大きさは、梅２kgなら直径21cm、高さ21cmくらいのものが適当です。ほうろうの容器は、長く使っていると傷がついてそこからさびてきます。よく点検してから使うとともに、容器の扱いをていねいにすることも大事です。

梅干し作りの重石は、２kgのものを２つ準備すると便利です。

白梅酢が上がったら〝赤じそ入れ〟です。しそと白梅酢が出合って真っ赤な色が生まれます。

⑨赤じその葉を摘みます。枝を１本ずつ手に持って、葉のほうから根元に向けてしごきとると手早く摘めます。

⑩たっぷりの水にとってざぶざぶときれいに洗い、ざるに広げて水けをきります。

⑪大きなボールに入れて、赤じそ用の塩の半量をふります。最初は手で押すようにして塩をなじませます。

⑫葉を両手でつかんで、徐々にボールに押しつけるようにしてもみます。もみ続けるうちに、黒いアク汁がたくさん出てきます。

⑬葉を両手にひとつかみずつまとめ、ギューッときつく絞ります。アク汁は捨て、ボールはきれいに洗ってふきます。

⑭絞った葉はボールに戻し、ちぎれないように、そっとほぐします。残りの塩をふって⑫と同様にもんできつく絞ります。

⑮今度は紫色の汁が出ます。この汁も、しそのアクが残っているので捨てます。

⑯きれいなボールに⑮の葉を入れて、清潔なかわいた菜箸でほぐし、⑧の容器から白梅酢を適量とって加えます。白梅酢はサーッと赤く染まります。

⑰⑧の梅の上に⑯の葉を菜箸でかぶせるようにのせ、ボールに残った梅酢もまわし入れます。

⑱落としぶたをします。木の落としぶたでもかまいませんが、ふたが赤く染まるので、すっぽりおさまるガラスや陶磁器の平皿がよいでしょう。

⑲梅酢が落としぶたにひたひたにくる程度の重石（梅の重さの約半分）をのせ、ふたをして、涼しい場所に置きます。

⑳２週間もすると、梅は真っ赤に染まります。色づいた梅酢は赤梅酢といいます。このまま、夏の土用（７月下旬）まで待ちます。

COLUMN

1.下漬け段階で広がったカビの処置

梅はいったん清潔なざるにあげます。白梅酢は、ほうろうなべに移して煮立て、浮いてくるアクをとり除き、完全にさまします。容器、落としぶた、重石は再度きれいに洗ってかわかして消毒用アルコールでふいてから梅と白梅酢を入れて漬け直します。

2.赤じそを入れてから広がったカビの処置

梅酢がにごってきたらカビが出はじめたと考えてよいでしょう。梅干しの色は少し悪くなりますが、次のように手当てすれば安心です。

ボールに入れた焼酎約½カップの中で、梅1粒ずつを洗ってカビを落とし、盆ざるに並べます。しそも同様にします。これを日に当ててかわかします。赤梅酢をほうろうなべに移して煮立てアクをすくい捨てて完全にさまします。清潔な容器に梅としそを戻し、赤梅酢をまわしかけて重石をします。

梅干し作りのしめくくりは土用干し。晴天の続く7月下旬、3〜4日お日様に当てて干します。

㉑梅雨が明けるのを見はからって、晴天がしばらく続くのを期待して、土用干しです。ボールに盆ざるをのせ、梅としそをあけ、しそを木しゃもじで押さえて梅酢をきります。梅酢は、また容器に戻します。

㉒大きなざるに梅としそを移して菜箸で広げ、日に当てて干します。夜は、雨に当てないように室内に入れておきましょう。

㉓日中はまた外に出し、3日間、日に当てます。途中で1〜2回梅としそを菜箸で裏返すとよくかわきます。3日目ころには梅はすっかりかわいてしわしわになり、色があせたようになります。

㉔土用干し最後の日は、赤梅酢をボールに移して一日じゅう日に当てます。

㉕最後の日の夕方、梅としそは、ぬくもりの残っているうちに保存容器に入れ、赤梅酢をまわしかけます。

㉖消毒用アルコールでふいた平皿1枚をのせ、梅が赤梅酢に浸った状態で3か月ほどおくと、梅干しのでき上がり。以後、涼しい場所で保存しますが、暑さのきびしい地方では冷蔵庫に保存します。

1個分(8gとして)
0.1点(4kcal)塩分1.3g

赤じその選び方

赤じそが出まわる時期は地方によってずれがありますが、東京では6月下旬ごろです。ちりめんじそと呼ばれ、葉に細かい縮れのあるものが梅をきれいな赤色に仕上げます。片面が緑がかったしそは、色の染まりがよくないので、裏表をよく見て選んでください。

COLUMN

梅干しの大敵はカビ。かびさせないためのポイント。

梅の下漬けをして赤じそを入れ、土用干しに至るまでには、ムシムシとした梅雨時を経ます。カビの菌がもっとも繁殖しやすい時期です。作り方のプロセスをきちんと追うのはもちろんのこと、

▶梅にふれる容器や道具類は全部、使う前に洗い、直射日光に当ててかわかします。さらに消毒用アルコールを浸したカット綿やペーパータオルでふいておきます。

▶下漬けしたあとは毎日様子を見ます。そのとき、梅や赤じそに直接指でふれてはいけません。容器のほうを動かしましょう。

この2点も肝心です。

もし、白いポツポツのカビを発見したら…

白いポツポツしたものが浮いてきたら、カビの出始めです。2つ3つなら、発見したときにすくい除けばだいじょうぶですが、ほうっておくと、あっという間に広がります。

青魚の梅煮

●材料／２人分
イワシ100ｇくらいのもの４尾
しょうが………小１かけ（10ｇ）
梅干し……………………２個
a　水…………………………１カップ
　　しょうゆ・酒・みりん・
　　砂糖……………各大さじ１

❶イワシは頭を切り落とし、腹を切ってわたを出し、洗う。
❷しょうがは皮を除いてせん切りにする。
❸なべにａとしょうがを入れ、①のイワシと梅干しを並べ入れて弱火にかけ、煮立ってから20分煮る。火を強め、スプーンで煮汁をすくってかけながらさらに10分以上煮る。
❹器にイワシを盛り、梅干しとしょうがを盛り添える。
１人分3.2点（257kcal）
塩分3.8ｇ

梅がゆ

●材料／２人分
米……………½合（75ｇ）
水…………………………５カップ
梅干し……………………１個
赤梅酢……………………少量
１人分1.7点（137kcal）
塩分2.2ｇ

❶米は洗って厚手の深なべに入れ、分量の水を加え、30分～１時間おきます。
❷強火にかけ、煮立ったら静かに沸騰を続けるくらいに火を弱め、40分ほど炊きます。吹きこぼれそうなら、ふたを少しずらします。
❸梅干しは種を除いてちぎります。
❹器に②のかゆを盛り、梅酢を垂らし梅干しを散らします。
※全体を混ぜ、熱いところを食べます。

COLUMN

なぜ土用干しというの？

夏の土用は、立秋前の18日間をいいます。毎年７月20日ころから８月上旬までに当たり、梅雨が明けて、夏の日差しがもっとも強く晴天の続くころです。このころ、下漬けした梅としそを日に干すと、味がよくなり、かびにくくなることから、〝土用干し〟の名があります。

土用干しをしていると、夏の熱い風にのって、そこはかとなく梅としその香りがただよってきます。梅干し作りのクライマックスともいえるときです。

土用干しの途中で雨に当てるとかびやすくなるので、外出するときはたとえ天気がよくても室内に入れるほうが安心です。夜も同様です。そのさいは、風通しのよい場所に移しましょう。

晴天が続かない年の土用干しは？

年によっては、梅雨明けが遅れたり、夏の強い日差しが少ないときもあります。そんな年は梅のかわきが悪く、しわしわに乾燥するまでに10日近くかかることもあります。梅選びや漬け方がうまくいっても、お天気に恵まれないときはどうしようもなく、くやしい思いをします。

でも自然相手のそんな奮闘は、能率だけが先行しがちな現代では貴重なことのように思います。

土用干しのあとかびたら…

土用干しのあとは、めったにかびることはありませんが、もしかびたときは、19ページのカビの処置の２と同様にしてください。

梅肉を使って

梅干しを料理に使ってみましょう。
出来合いの梅干しでは
この仕上がりにはなりません。

既製品には

何かひとつ、十八番の手作りを持っていると心強いものです。甘いお菓子のプレゼントもよいけれど、ちくわやでんぶの贈り物もすてきですよ。もちろんラッピングにはおしゃれして。

既製品を買うのがあたりまえになっているちくわやさつま揚げ、ソーセージ、焼き豚、魚のでんぶなどを手作りしてみると、混ぜものなしの本物のおいしさに驚かされます。

ここで紹介する保存食は、味のよさ、安全性はもちろんですが、手間ひまかけて作る楽しさを感じられるものばかり。ソーセージの腸詰などは子どもも喜びますし、すり鉢で魚のすり身

絶対勝つ！

少々いびつでも口当たりが悪くても、手作りはかえってそれが魅力にもなります。
ただしうす味な分、冷蔵庫だけではなく冷凍庫も活用して保存には気を配ってください。

を作るような力仕事はお父さんの出番。家族の休日にこんな楽しみかたもできるというひとつの提案です。

「ロハスな暮らし」や「食育」という言葉が先走っているようなこの頃ですが、家族みんなで作るごちそうは、ごく自然にそれを実感できるものです。手作り保存食は既製品にはかえがたい大きな力をもっています。

切り身と菜箸で作る
ちくわ

パック詰めになった切り身魚が主役。ちくわの穴は、菜箸か割り箸を芯にしてあけます。保存は冷蔵庫で3日、冷凍庫で1か月を目安にします。

●材料
サワラ……… 4切れ(400ｇ)
- 卵…………………………… 1個
- かたくり粉・小麦粉 …………………………………各大さじ1
- パン粉……………………½カップ
- 水…………………大さじ2～3
- みそ……………………大さじ½

※⅔量を使う。⅓量はさつま揚げに。４人分として
１人分2.0点(156kcal)塩分0.4ｇ

イワシ…… 5尾(正味200ｇ)
- 卵…………………………… 1個
- かたくり粉・小麦粉 …………………………………各大さじ1
- パン粉……………………½カップ
- みそ……………………小さじ1

※⅔量を使う。⅓量はさつま揚げに。４人分として
１人分1.4点(109kcal)塩分0.3ｇ

1

❶切り身魚４切れ(400g)と副材料。ごらんのとおり手近にあるものばかりです。サワラの場合は水を加えますが、イワシのようにそれ自身が水分の多い魚には水を加えません。

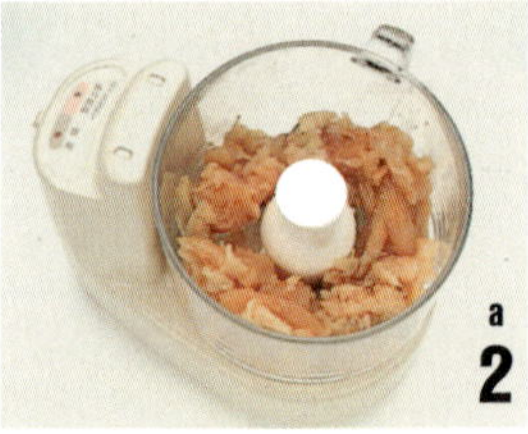
a 2

b 2

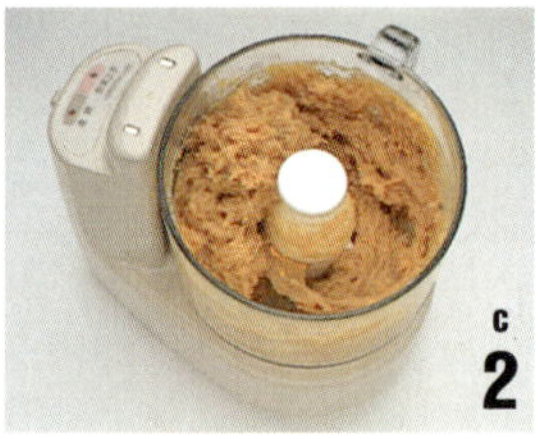
c 2

❷サワラはスプーンで身をこそげてとり、フードプロセッサーに入れます(写真ａ)。{の材料全部を加え(写真ｂ)、通電してすり身を作ります（写真ｃ)。この⅔量をとり分けます(⅓量はさつま揚げに。26ページ)。

3

❸菜箸か割り箸を７～８cmに切ったもの４本を用意します。すり身大さじ山盛り１杯ずつを水で湿らせた手のひらに広げ、中央に箸をのせ、箸にすり身を巻きつけるようにして形を整えます。

4

❹③で残ったすり身は等分にして楕円形に整えます。このときも手を水で湿らせると扱いやすい。たっぷりの湯をわかしてすり身を入れてゆで、火が通って浮いてきたものからざるにとって湯をきります。

5

❺焼き網を十分に熱してから油を塗り、④を並べます。ときどき返しながら、弱めの中火で全体にうすく香ばしく焼き色がつくまで焼きます。

イワシを使うと〝黒いちくわ〟になります。イワシは頭を落として手開きにし、中骨、尾を除き、皮つきのままざく切りにします。フードプロセッサーに他の材料とともに入れて攪拌し、すり身の⅔をサワラの場合と同様にしてちくわに仕上げます。残りはさつま揚げ(26ページ)にしましょう。

イワシのさつま揚げ

●材料／２人×２回分

イワシのすり身………………………ちくわ用の$\frac{1}{3}$量

ごぼう……………………100ｇ

黒ごま……………………大さじ１

❶ごぼうはささがきにして水にさらしてアクを抜き、水けをよくきります。

❷ちくわにしたすり身の$\frac{1}{3}$量に①と黒ごまを混ぜ加えます。

❸一口大に形を整え、油で揚げます（170℃２分間）。

１人分1.3点（104kcal）

塩分0.1ｇ

サワラのさつま揚げ

●材料／２人×２回分

サワラのすり身………………………ちくわ用の$\frac{1}{3}$量

ピーマン…………１個（20ｇ）

にんじん…………３cm（30ｇ）

ししとう……………………４本

❶ピーマン、にんじんをみじん切りにします。

❷ちくわにしたすり身の$\frac{1}{3}$量に①を混ぜ加えます。

❸手に油を塗りながら、ピンポン球大の球形や小判型に整え、油で揚げます（170℃３分間）。

❹ししとうは素揚げして添えます。

１人分0.9点（69kcal）

フードプロセッサーがない場合には……

サワラはスプーンで身をこそげてから細かくたたき、すり鉢ですります。イワシはすり鉢で作るときは、手開きにして中骨、尾を除いて皮をむいてから刻み、たたいてからすります。

同じすり身で「さつま揚げ」も。

ちくわのたねを揚げれば
さつま揚げに変身。
相性のよい野菜を
組み合わせて
〝わが家風〞に。

混ぜ物なしを保証

フレッシュソーセージ

休日にでも家族みんなで作ってみてはいかが。全量をゆでてしまい、余った分はラップに包みます。冷蔵庫で4～5日もちますが、それ以上の場合は冷凍が安心です。

即席のザワークラウト

●材料

キャベツ……………………400g
塩…………………………小さじ1
a
- 酢・油・オリーブ油各大さじ2
- レモン汁……………………大さじ1
- 塩・砂糖……………………各小さじ1
- こしょう・キャラウェイシード…………………………各少量

❶キャベツは芯の部分をそいで平らにし、細く切り、ボールに入れます。塩をふって混ぜ、皿をのせて重石をし、2～3時間漬けます。

❷aを混ぜ、①のボールに加えてよく混ぜ、皿と重石をのせてさらに約2時間漬けます。

※漬け汁ごとふたつきの容器に移して冷蔵庫に入れると、3日間はおいしさを保ちます。フレッシュソーセージに添えると美味。

1回分(50gとして)
0.5点(38kcal)塩分1.0g

❶スモークソルト(薫製塩)は、食塩に薫煙の香ばしさを吸着した調味料で、ソーセージ作りには欠かせません。デパートなどの調味料売り場で。

❷大きめのボールにひき肉を入れ、aの材料全部を加えます。粘りが出るまで手で充分に練り混ぜます。このあと冷蔵庫で2～3時間寝かせて落ちつかせます。

❸羊腸は洗って表面の塩を落とし、たっぷりの水に15分さらして塩抜きします。そのあと腸の内側を洗いますが、腸の端を水道の蛇口に当てて水を通すと、ひじょうにぐあいよくいきます。

❹羊腸用絞り出し袋の内側とノズルの先に油をぬり、ノズルの先端に腸をたくし込み、腸の先端をひと結びします。

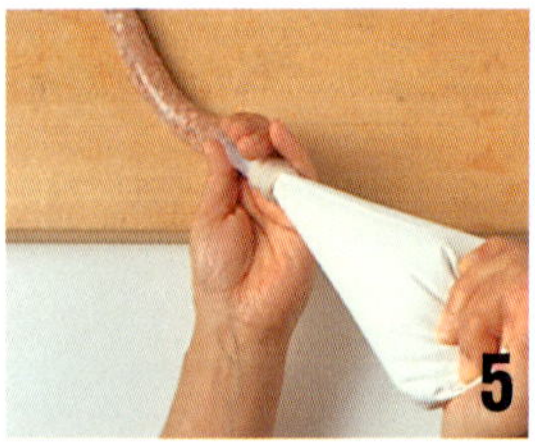

❺ノズルの先端を軽くおさえ、加減しながらたねを絞り入れていきます。詰め込みすぎは禁物。なるべく空気が入らないように、かといってパンパンにはならないように絞り入れましょう。途中で羊腸が切れてしまったら、先端を結んでまたたねを絞り入れます。

フレッシュソーセージ

●材料／25本分

豚ひき肉(脂身の多い部分)…………………………………500g
a
- ハーブシーズニング……………………………大さじ1弱
- 塩……………………小さじ2
- スモークソルト・砂糖……………………………各小さじ½
- こしょう………………少量
- 玉ねぎ(みじん切り)………………………小½個(70g)
- 水…………………………70cc
- 牛乳………………………¼カップ

羊腸の塩漬け…1本(3.5m)

1本分0.6点(48kcal)
塩分0.6g

❻残りのたねを適宜絞り出し袋に入れながら全量を詰めます。詰め終わったら、10㎝間隔で同方向に腸ごとねじってはくびれを作ります。

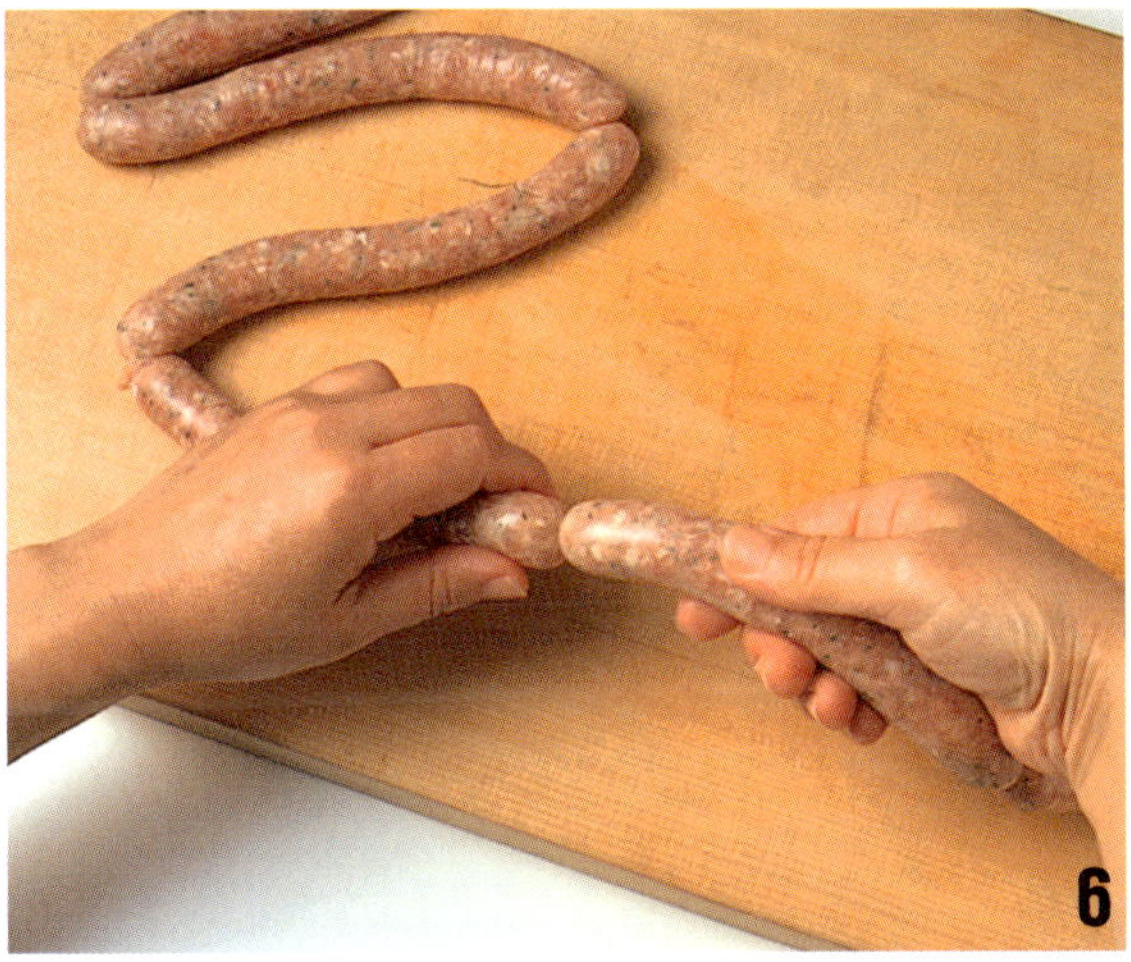

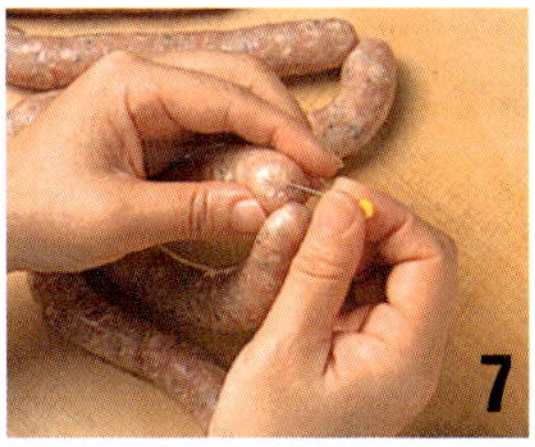

❼全体を見て、空気の入っている部分があったら針先で突いて空気を抜きます。詰め終わりの部分は、腸をひと結びします。

❽大きめのなべにたっぷりの水を火にかけます。50℃くらいになったらソーセージを入れ、沸騰させないように注意しながら、弱火で20分くらいかけてゆっくりとゆでて火を通します。

※ゆで汁は、カレーやポトフなどに利用できます。
※ゆでたものは冷蔵庫で4～5日保存できます。それ以上は冷凍保存が安心です。冷凍したものは、凍ったまま湯に入れて温めます。
※豚腸に詰めるとフランクフルトソーセージになります。

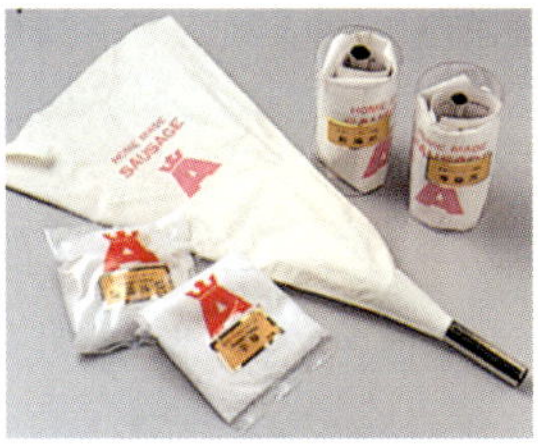

焼き豚

豚のかたまり肉さえあれば

ふだんの食材でおどろくほど手軽に
お手製の焼き豚ができあがります。
休日に作ってストックしておけば、
なにかと利用できます。

焼き豚

●材料／２人×３回分

豚肩ロースかたまり肉（焼き豚用に網かけをしたもの）……２個(600ｇ)
塩……小さじ⅓
こしょう……少量

ねぎ……１本(80ｇ)
しょうが……大１かけ(20ｇ)

a しょうゆ……大さじ３
a 酒……大さじ２

油……大さじ１

１人分(⅙量として)
3.6点(254kcal)塩分1.7ｇ

❶豚肉はフォークで全体を突き刺し、塩とこしょうをすり込みます。ねぎは10㎝長さに切り、縦半分に切ります。しょうがは皮つきのまま洗って薄く切ります。

❷ポリ袋に①とａを入れて口元をしっかりと縛ります。ときどき肉の向きを変えながら、冷蔵庫に３時間以上おいて味をつけます。

❸②の肉をとり出して汁けをきります。フライパンに油を熱して並べ入れ、ときどきころがしながら全体にこんがりと焼き色をつけます。

❹深なべに③の肉を入れ、②のねぎ、しょうが、漬け汁を加えてふたをし、ごく弱火にかけます。途中で２回ほど肉の上下を返し、１時間くらいかけてゆっくりと蒸し焼きにして中まで火を通します。

❺ふたをとって火を強め、肉を返しながら全体に煮汁を煮からめて火を消します。

❻あら熱がとれたら、糸をはずして薄く切ります。ねぎやしょうがも肉の味がしみていておいしいので、食べよく切って盛り添えます。好みで青菜の塩ゆでを添えます。

※冷蔵庫で４～５日保存できます。ラーメン、チャーハン、いため物、サンドイッチ、サラダなどに広く利用できます。
※網かけしていない肉を購入した場合は、たこ糸で形を整えながら縛って使いましょう。

でんぶ3種

アッという間にでき上がる

甘すぎたり辛すぎたり、
値段が高かったり……、
既製のでんぶは満足のいくものが本当に少ない！
お弁当にも朝食にも大活躍の
〝簡単でんぶ〟を紹介します。
保存はどれも冷蔵庫で5日程度を
目安にしましょう。

サバでんぶ

サケと同様の手順でゆでて、すって、おろししょうがと水と調味料とでいり上げます。

タラでんぶ

サケと同様に作りますが、ゆで湯にレモンを加えます。いり上がりがふんわりとなるように仕上げましょう。

サケでんぶ

❶生ザケは熱湯に入れて約3分ゆで、ざるにとって湯をきり、あら熱がとれるまでおきます。皮と骨を除き、すり鉢にとります。

1

2

❷すりこ木でほぐすように突いてからていねいにすります。なべに移し、砂糖、水、塩を加えて混ぜ、中火にかけ、菜箸4～5本でたえずいりつけます。

❸汁けが少なくなってきたら弱火にし、ほろほろになるまでいります。途中焦げつきそうになったらなべをぬれぶきんの上にとり、なべにこびりついたサケをこそげ、再び弱火にかけていります。しょうゆをまわし入れてひと混ぜしてでき上がり。

3

●材料／でき上がり約1カップ分
生ザケ…2切れ（正味160ｇ）
砂糖……………………大さじ4
水………………………大さじ3
塩………………………小さじ½
しょうゆ………………小さじ1
大さじ1（8ｇ）で
0.2点（18kcal）塩分0.2ｇ

●材料／でき上がり約1カップ分
サバ…小2切れ（正味120ｇ）
おろししょうが………大さじ1
しょうゆ………………大さじ3
酒………………………大さじ2
水…大さじ1　みりん…小さじ1
大さじ1（8ｇ）で
0.3点（20kcal）塩分0.6ｇ

●材料／でき上がり約1カップ分
甘塩タラ…2切れ（正味190ｇ）
レモンの薄切り……2～3枚
砂糖…大さじ3　塩…小さじ½
酒・水………………各大さじ2
大さじ1（8ｇ）で
0.1点（10kcal）塩分0.3ｇ

小なべで仕立てる

練りみそ3種

和風の練りみそを手元に置いておくと重宝します。
ただしおいしいからといってつけすぎては塩分のとりすぎに。
練りみそは野菜や豆腐などを食べるための脇役と心得ましょう。

ピーナッツみそ

●材料／でき上がり約2カップ分
赤みそ ……………………150g
ピーナッツ(薄皮をむく)……
……………………………150g
しょうがのせん切り ……20g
油…………………………大さじ4
砂糖………………………大さじ5
みりん……………………大さじ3
水…………………………大さじ3

●ピーナッツを油半量でいため、薄く焼き色がついたらとり出します。残りの油をたしてしょうがをひといためし、みそと他の材料を加えて練ります。みそがぽってりとなって照りが出たら、ピーナッツを戻してひと混ぜします。
※保存は冷蔵庫で10日間程度。長くおくとピーナッツがしんなりとなってくるので多くは作りすぎないように。
ピーナッツみそ大さじ1(20g)で
1.1点(85kcal)
塩分0.9g

酢みそ

●材料／でき上がり約1カップ分
信州みそ ………………100g
西京みそ ………………50g
砂糖・だし …………各大さじ3
酢…………………………大さじ5

●酢以外の材料全部を合わせ混ぜ、弱火にかけて練ります。元のみそ程度のかたさになったら酢を加え、練り上げます。
※冷蔵庫で常備すれば酢みそあえがすぐに作れます。また、練りがらしを加えたり、サラダ油を加えて酢みそドレッシングにするのもアイディア。
酢みそ大さじ1(18g)で
0.3点(26kcal)塩分1.0g

肉みそ

●材料／でき上がり約1½カップ分
鶏ひき肉 ………………150g
玉ねぎ………… 1個(250g)
にんじん ………………50g
生しいたけ……… 3枚(60g)
しょうが………大1かけ(20g)
ピーマン………大1個(50g)
油…………………………大さじ1½
a ｛赤みそ ……………150g
　　酒…………………大さじ2
　　水…………………大さじ3｝

●野菜はすべて粗みじん切りにします。なべに油大さじ1½弱を熱し、ひき肉をいためます。パラパラになったら玉ねぎとしょうがを加えていため、にんじんとしいたけも加えていため合わせます。ここにaを加えてなめらかに練り混ぜ、混ぜながらみそより少しやわらかくなるまで煮つめます。残りの油でピーマンをいためて加え、ひと混ぜして火を消します。
※スティック野菜につけたり、トーストにのせたり、サラダ菜にごはんといっしょに包んでもおいしい。保存は冷蔵庫で約10日。
肉みそ大さじ1(18g)で
0.3点(21kcal)塩分0.5g

肉みその葉巻ご飯

サラダ菜やレタスに
小さな三角おにぎりと
肉みそを巻いて。

ゆで大豆

1袋ゆでて2品に

最近、大豆と親しくつき合っていますか？ 水煮になった加工品やドライ缶を利用する人も多いことでしょう。でも、ゆでたては大豆の香りを存分に味わえておいしさもひときわ。

大豆をゆでる

❶大豆1袋（300ｇ）は洗ってボールに入れ、水9カップ（豆の3倍容量）を注いで7～8時間おいてもどします。

❷つけ汁ごとなべに移して火にかけ、煮立ったら弱火にし、アクをすくい捨てながら静かにゆでます。途中でゆで汁が少なくなったら差し水をしてつねにゆで汁が豆にひたひたになっているように注意しましょう。50分～1時間かけてゆで、指ではさんで楽に押しつぶせるようになったらゆで上がり。

大豆はゆでると約2.5倍容量になります。ここでは、⅔量をぶどう豆に、⅓量を煮物にします。

その日使わないときは、ゆで汁ごとポリ袋に入れ、口元をきっちりと閉じて冷蔵庫へ。3日間くらいは保存できるので、他の料理に利用しましょう。

ぶどう豆

●材料／作りやすい分量
ゆで大豆……………………500ｇ
水…………………………………適量
砂糖………………………………200ｇ
しょうゆ………………………小さじ2

❶なべにゆで大豆を入れて水をひたひたより少し少なめに加え、火にかけます。

❷煮立ったら砂糖を加え、弱火にして20分煮ます。しょうゆをまわし入れ、1～2分煮て火を消し、しばらくおいて味を含ませます。

1人分2.5点（198kcal）塩分0.2ｇ

大豆と鶏手羽先の中国風煮物

●材料／2人分
ゆで大豆……………………250ｇ
鶏手羽先………4本（200ｇ）
ねぎ………………½本（50ｇ）
しょうが………小1かけ（10ｇ）
油…………………………………小さじ2
大豆のゆで汁・水……各適量
鶏がらスープのもと…小さじ1
a｛オイスターソース・しょうゆ・酒……………………各大さじ1
　砂糖……………………………小さじ1｝

❶手羽先は関節で半分に切り、先は除きます。太いほうの裏側に骨に沿って深い切り込みを入れます。

❷ねぎは斜めに薄く切り、しょうがは皮つきのまま洗って薄く切ります。

❸なべに油を熱して①の肉をいため、こんがりと焼き色がついたらしょうがと大豆を加えてざっといため合わせます。大豆のゆで汁を加え、ひたひたになるまで水を足します。

❹煮立ったらアクを除き、スープのもとを加えて10分煮ます。aで調味してさらに5分煮、ねぎを加えてひと煮します。

1人分6.3点（507kcal）
塩分3.1ｇ

粕みそ床

魚だけでなく肉も漬けて

辛すぎず甘すぎず、
電子レンジとポリ袋を使って作る床です。
好みの味つけにできるのも
自家製ならでは。

ギンダラの粕みそ漬け焼き

●材料／２人×２回分

- ギンダラ……４切れ(400ｇ)
- 塩……小さじ½

粕みそ床
- 酒粕……100ｇ
- みそ……大さじ２½
- みりん・砂糖・水…各大さじ２

ししとうがらし…８本(40ｇ)

甘酢漬け
- しょうが……小１かけ(10ｇ)
- 酢……大さじ２
- 砂糖……小さじ１
- 塩……少量

❶粕みそ床を作ります。酒粕はちぎってポリ袋に入れ、電子レンジ(500W)で40～50秒加熱してやわらかくし、袋の上からもんでなめらかにします。袋に粕みそ床のほかの材料全部を加え、袋の口元を閉じて袋の上からもんで全体をよく混ぜ合わせます。完全にさまします。

❷ギンダラはざるに並べ、両面に塩をふり、20分おきます。

❸魚の表面に浮き出た汁けをふきとり、表面に粕みそ床をまぶしつけてバットなど底の広い平らな容器に並べます。

❹ラップをかけて冷蔵庫へ。４時間後くらいから利用でき、食べごろは翌日。漬けておくのは３日間くらいまでに。

❺粕みそをしごいて除き、ロースターやグリルでこんがりと焼いて火を通します。

❻ししとうは切り目を１本入れて素焼きにします。

❼しょうがは皮を除いて薄く切り、ゆでてざるにあげます。酢と砂糖と塩を混ぜ合わせた甘酢に漬けます。

❽皿にギンダラを盛り、右手前に⑥⑦を添えます。

※魚の代わりに肉でも同様に。ただし、塩をふって10分おいてから粕みそ床に漬けます。

１人分3.7点(295kcal)
塩分1.7ｇ

2

らっきょう漬け

らっきょうも梅と並んで、旬にしか手に入らない食材です。らっきょうが店頭に並ぶと初夏の訪れです。店頭に出回るわずかな時期を逃さずにらっきょう漬けを作ってみましょう。

少量手作りとはいえ、らっきょうなどは少量では市販されていません。これをどう使いまわすかが腕のみせどころです。甘酢漬けがおいしく漬けあがるまでの3か月、塩漬けや酢じょうゆ漬け

バラエティー

で浅漬けの味を楽しんだり、らっきょう漬けを使って総菜に利用したりして楽しみたいものです。

　らっきょうはとても精力的な野菜。買ってきた次の日には、新芽がにょきにょき伸びてきます。「らっきょう漬けにとりかかれる日に買ってくる」のが原則です。子どもたちといっしょににぎやかに、あるいはのんびりとテレビを見ながららっきょうの皮むきをするのも一興。

テレビを前にお茶を飲みながらポリポリ食べていると、気がついたときには食べすぎて塩分までとりすぎてしまいます。じょうずに作ってじょうずに食べる、を心がけたいものです。

らっきょうの塩漬け

いちばん初めに楽しむ浅漬けの味

らっきょうの塩漬けは、
らっきょう本来の味が生きていて、
らっきょう好きの人には、こたえられない味です。

●材料
泥つきらっきょう……………
……………500ｇ（正味450ｇ）
塩…………………………30ｇ
赤とうがらし…………… 2本
水………………………… 2カップ

❶らっきょうは泥つきのものを、買ったその日に漬けます。水を2～3回かえながら、ざぶざぶと洗って泥を落とします。洗っていると、薄皮が少しはがれるように浮いてむきやすくなります。

❷ざるにあげて水けをきります。一粒ずつ芽先の切り口のほうから薄皮をむき起こし、まとめてつまんですっとむき下ろします。

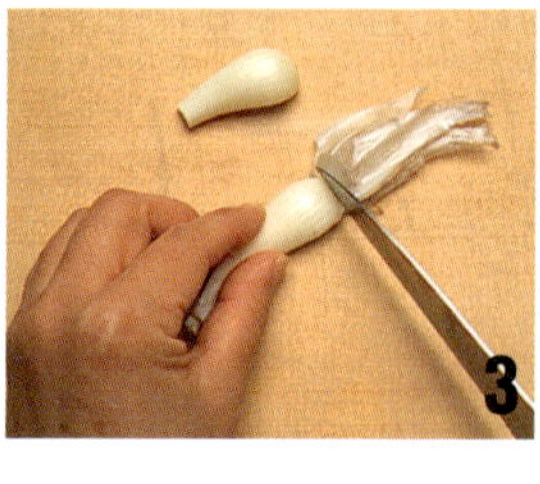

❸芽先を少し切り落とし、ひげ根はつけ根ぎりぎりで切り落とします。

❹容器にらっきょうを入れ、塩を入れ、容器をあおって塩をまんべんなく行きわたらせます。

COLUMN

専用容器を準備しましょう。

らっきょう１～２kgなら直径18～20cm、高さ18～20cmくらいのほうろう容器が適当です。

塩漬けは１～２か月で食べきりましょう。

水が上がったら、冷蔵庫に入る容器に移して保存しますが、らっきょうが漬け汁から出ない程度の重石はしておきます。塩漬けは、漬け込んでからあまり長くおくとかびることがあるので、１～２か月で食べきるのがよいでしょう。
塩漬けらっきょうはうす切りにして氷の上にのせて食べても美味。

COLUMN

もしも、カビが浮いてきたときは?

ほうろうなべの上に盆ざるを置き、らっきょうを漬け汁ごとあけ、漬け汁は火にかけてカビをすくい捨てながら煮立てます。保存容器はきれいに洗って直射日光でかわかし、らっきょうと完全にさました漬け汁を入れ、また重石をかけて冷蔵庫に保存します。

❺赤とうがらしを入れ、水をまわしかけます。この水を呼び水といい、早く塩をとかして水の上がりをよくします。

❼4～5日ほどでらっきょうの上まで水が上がります。こうなれば漬け上がりで、浅漬けとして食べられます。このあとは軽い重石をかけたまま冷蔵庫で保存します。

❻落としぶたをし、らっきょうの2倍の重さの重石をのせ、涼しい場所に置きます。早く塩がとけるように、一日1回、重石をはずして容器を揺すってやりましょう。

1個分(5gとして)
0.1点(6kcal)塩分0.2g

甘酢漬けと酢じょうゆ漬け

おそうざいの一品に

長期保存のきく甘酢漬けは1kgを漬けてみましょう。キリッとした味わいの酢じょうゆ漬けも紹介します。酢じょうゆにじかに漬け込むらくらく漬けです。酢に殺菌力があるので、カビの心配はほとんどありません。冷たく冷やしたらっきょう漬けはおいしさがいっそうひき立ちます。

らっきょう酢豚

●材料／2人分

豚角切り肉……………200g

a
- しょうゆ………………小さじ2
- サラダ油………………小さじ1/2
- 塩・こしょう…………各少量

かたくり粉………………適量

らっきょうの甘酢漬け………………………8粒(100g)

揚げ油……………………適量

b
- 水………………………1/2カップ
- らっきょうの漬け汁…大さじ4
- 砂糖……………………大さじ2
- しょうゆ・トマトケチャップ……………………各大さじ1 1/2

- かたくり粉…………大さじ1/2
- 水………………………大さじ1

❶豚肉にaをもみ込んで下味をつけます。

❷揚げ油を160℃に熱し、らっきょうを入れて素揚げにし、とり出します。油の温度を170℃に上げ、①の肉にかたくり粉をまぶして入れ、4分揚げます。

❸bを煮立て、②のらっきょうと肉を入れてひと煮します。かたくり粉を水でといて加え混ぜ、とろみをつけます。

1人分6.1点(485kcal)
塩分4.9g

甘酢漬け

●材料

泥つきらっきょう……………………………1kg(正味900g)

甘酢
- 酢…………………………3カップ
- 水…………………………3/4カップ
- 砂糖……250g　塩……50g

赤とうがらし……… 3～4本

1個分(5gとして)
0.2点(13kcal)塩分0.1g

らっきょうの選び方

らっきょうは、いつまでもカリカリッとした歯ざわりを残して漬けるのが腕の見せどころ。そのためには、泥つきらっきょうの出盛りを選ぶことがポイントです。洗って売っているらっきょうは水を吸ってやわらかくなっています。出始めの未熟ならっきょうも実がやわらかなので、八百屋にらっきょうが出ても、しばらくは買わずに様子をみましょう。実は丸みを帯び、軽く押してみてかたい感じのものが出まわったら買いましょう。芽先が伸びて緑色になっているものは、芽に養分をとられて芯がやわらかくなっているので避けましょう。芽はすぐに伸びるので、買ったら、その日に漬け込むのもコツです。

１か月もたてば、浅漬けの味が楽しめます。

甘酢に漬けて２～３週間たったもの。らっきょうは漬け汁の中に沈み、色も透明感を帯びてきます。漬けて３か月後には甘酢が浸みこみおいしくなります。涼しい場所で１年間は保存できます。

❶甘酢を作ります。ほうろうなべに材料を合わせて火にかけ、砂糖を煮とかします。火を消し、赤とうがらしを加え完全にさまします。

❷らっきょうは塩漬けの①～⑤と同様の手順（42～43㌻参照）で下漬けの準備をします。

❸落としぶたをし、らっきょうと同重量の重石をのせ、一日下漬けします。ときどき重石をはずして容器を揺すり、塩をなじませます。

❹下漬けしたらっきょうをざるにあげ、水けをふいて保存びんに入れます。

❺甘酢を注ぎます。

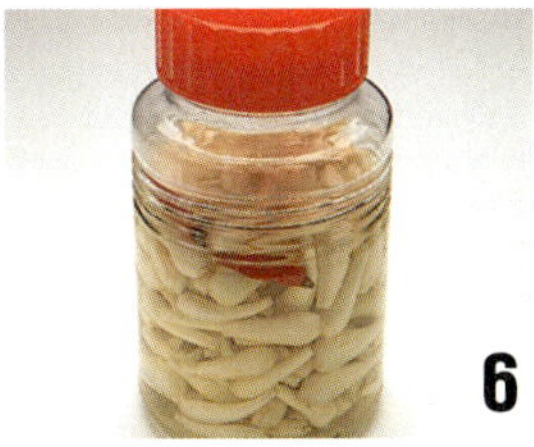

❻ふたをして、日の当たらない涼しい場所に保存します。らっきょうが漬け汁から少し出るので、２日に１回ほど、びんを軽く揺すり、漬け汁を全体にまわしかけます。

酢じょうゆ漬け

●材料

泥つきらっきょう …………………500g（正味450g）

酢じょうゆ
- 酢・しょうゆ ……各½カップ
- みりん ……………大さじ2
- 湯ざまし ……………¼カップ

赤とうがらし …………… 1本

❶らっきょうは塩漬けの①〜③と同様（42ページ参照）に下ごしらえをし、水けをふいて保存びんに入れます。

❷へたつきのまるのままの赤とうがらしを①に加え、酢じょうゆの材料を次々に注ぎ入れます。

パリパリ サラダ

●材料／２人分

らっきょうの酢じょうゆ漬け……………………………３個

セロリ…………１本(150ｇ)

きゅうり…………………１本

にんじん…………………５cm

セロリの葉………………少量

サラダ油……………大さじ１½

酢・らっきょうの漬け汁……………………………各大さじ１

塩・こしょう…………各少量

❶らっきょうは漬け汁をきり、縦半分にしてからさらに薄切りにする。

❷にんじんとセロリの葉はせん切りにし、セロリときゅうりは縦半分に切ってから薄い斜め切りにし、それぞれ氷水に放してパリッとさせ、水けをよくきる。

❸サラダ油に酢を少しずつ加えながら泡立て器でよく混ぜ、らっきょうの漬け汁、塩、こしょうを加えて混ぜ合わせる。

❹③のドレッシングにらっきょうを加えてひと混ぜし、セロリ、きゅうり、にんじんを加えてあえる。セロリの葉を散らし入れて、手早くあえ混ぜる。

１人分1.9点(149kcal)
塩分0.9ｇ

べっこう色に色づいたら食べられます。

１か月たつと、らっきょうは完全に漬け汁に沈み、べっこう色に色づき始めます。このころから食べられます。
甘みの少ないキリッとした味わいは酒の肴に最適です。らっきょうの風味が生きているうちに３～４か月で食べきりましょう。

１個分(５ｇとして)0.1点(７kcal)塩分0.1ｇ

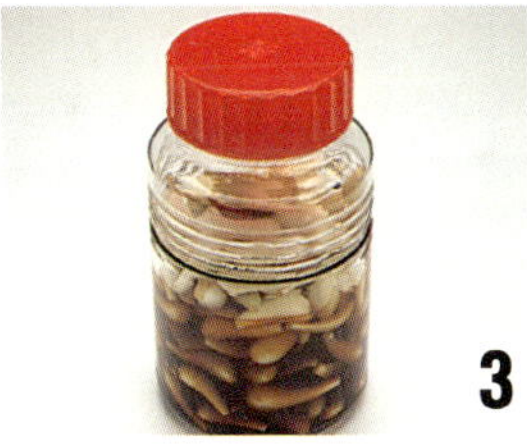

3

❸ふたをして日の当たらない涼しい場所に保存します。らっきょうは漬け汁から少し出ますが、しだいに水分が出て、全部浸るようになります。

4

❹漬け汁がひたひたになるまでは、一日に２回ほどびんを揺すって漬け汁を全体にまわしてやります。

漬物じょうずに

漬物には、大きく分けて保存漬けと即席漬けがあります。

保存漬けは伝統的な漬物で、長期間漬けてその味を楽しみます。それは野菜本来の旨みを生かして漬けることです。なかでも日本人が昔から親しんできたぬか漬けは、乳酸菌をとり入れることのできる健康食品です。また、ぬか床にあり合わせの野菜を漬け込めばよいのですから、野菜を捨てないで使い切ることができます。野菜をなんでも漬け込んではとり出して食べる、それをくり返すだけで、ぬか床の味はどんどんよくなります。ぬか漬けを作っていると、ぬか床は生きていると実感します。

表面にぬかをまぶしただけのぬか漬け、甘〜いだけのたくあん漬け……
漬物が苦手の人がイメージするのはそんな既製品ではないでしょうか。
ぜひ本物の漬物の野菜の歯切れ、発酵の美味を堪能してください。

浅漬けにはまた、ちがったおいしさがあります。塩分控えめといった健康志向を心がけるかたに、サラダ感覚で漬ける浅漬けは簡単に作れるのでおすすめです。かさを減らして野菜をたくさん食べることができます。

漬物は献立の引きしめ役ですが、ごくうす塩の即席漬けは野菜料理の一品としてたっぷり食べても安心です。サラダやお浸しばかりでマンネリになりがちな食卓に、ぜひ登場させましょう。

なりたい

白菜漬け

塩分3%

塩分3%は、家庭でできるギリギリの低塩。塩を早くとかして水を早く上げるために、漬けた翌日、水が少し出たところで上下を詰めかえます。また、白菜を縦割りにするときは包丁で切るより手で裂くほうがくず葉が出ません。白菜は、葉先を丸めるようにして詰めるとすき間なく詰められます。

●材料
白菜……………½株(1.5kg)
塩(白菜の3%)………大さじ3
こんぶ……………………20cm
赤とうがらし………2〜3本
ゆずの輪切り………小1個分
1回分(50gとして)
0.1点(9kcal)塩分1.5g

❶白菜は、包丁で根の切り口の中央部に深い切り込みを2か所入れ、そこから手を使って縦に3つに裂きます。

❷ざぶざぶと水洗いし、ざっざっと振って水けをきります。盆ざるなどに切り口を上にして並べ、日当たりのよい所に置いて4〜5時間干しますが、途中で上下を返してください。

③塩少々を容器の底にふります。白菜の根元に塩をこすりつけたら、白菜を根元と葉先を交互に並べながらすき間のないようにきっちりと詰めます。残りの塩をふり上から両手でギュッギュッと体重をかけて押して落ちつかせます。

④こんぶ、赤とうがらし、ゆずを散らします。

⑤押しぶたをし、重石（白菜の２倍の重量。ここでは３㎏）をのせて一日おきます。いったん重石をはずして白菜の上下を詰めかえ、再び押しぶたと重石をのせて３～４日漬けます。

⑥水が上がって１～２日すれば食べられます。この塩分では１週間で食べきりたいところです。

青菜漬け

½束を活用

青菜はお浸しもいいけれど、
たまには漬物にしてみてはいかがでしょう。
小松菜は、旬には1束500g以上ありますから、
お浸しにした余りを即席漬けにしてみましょう。

●材料
小松菜………大½束（300ｇ）
塩（小松菜の２％）…小さじ１強
赤とうがらし…………１本
１回分（50ｇとして）
0.1点（８kcal）塩分1.0ｇ

1

❶小松菜は根を切り落とし、水洗いして水けをきります。半量に分け、たっぷりの湯に根元だけ入れ、５秒ゆでたら葉を沈めます。すぐ冷水にとり、ざるにあげ、水を軽く絞ります。残りも同様にします。

2

❷小松菜の軸の部分に塩の半量をふり、すり込むようにしてよくなじませます。

3

❸卓上漬物容器に小松菜を葉先と軸が交互になるようにきっちりと詰め、残りの塩をふります。赤とうがらしを置いて、ねじぶたをきっちりと締めます。

4

❹３時間たったころから塩がなじみ始めます。保存は翌日まで。食べるときに汁けを絞り、４～５㎝長さに切りそろえて盛りつけます。

巻き干し漬け

大根の細い部分を使って

手間はかかりますがおいしさは格別。
クリスマスやお正月、ホームパーティに
おすすめのおしゃれな漬けものです。

2

❶大根はきれいに洗います。皮つきのまま、端から薄い輪切りにします。厚みをなるべくそろえてください。これを盆ざるに重ねないように並べ、日に当てて、ときどき返して1～2日干します。

3

❷しょうがとゆずの皮はどちらもせん切りにします。針にもめん糸を通して2本どりにしておきます。干してしんなりなった大根1枚を広げ、しょうがとゆずの皮を2～3本ずつ巻き込み、針で刺しては止めて連ねていきます。

❸軒下などの家じゅうでいちばん風通しのよい所につるし、2日間くらい干しておきます。

1

●材料

大根····細い部分⅓本(300ｇ)
しょうが·····················50ｇ
ゆずの皮················· １個分

a 甘酢
- 酢·····························½カップ
- ゆずの絞り汁··········· １個分
- 砂糖······················大さじ２
- 塩·························小さじ⅓

１回分(10ｇとして)
0.1点(７kcal)塩分0.1ｇ

④ ａの材料を混ぜ合わせて甘酢を作ります。大根の巻き干しをさっと洗い、水けを絞って糸を抜いたあと、甘酢に漬けます。３～４時間おけば食べごろです。容器に入れて冷蔵庫で半月は保存できます。

ひとり暮らしでも
ぬか漬け

ぬか漬けがつけられるようになるまで10日から2週間。
少々手間はかかりますが、本物のぬか漬けの味と香りを楽しみましょう。

❶ぬかは1袋（1㎏）を買い求めましょう。ぬか床を作った残りは袋の口元を閉じ、冷蔵庫で保存して〝足しぬか用〟にします。まず、分量の水と塩を合わせ、火にかけて塩をとかし、火を消してさまします。

❷大きめのボールにぬかを入れ、①の塩水を4回に分けて加えては、そのつど底のほうから全体を混ぜ合わせます。ぬかと塩がよく混ざったら、こんぶと赤とうがらしを混ぜ合わせます。

❸底の平らな密閉容器などに②のぬか床を移します。洗っておいた捨て漬け用の野菜を容器の底に押しこみ、ぬか床をかぶせのせます。

2

1

3

4

❹ぬか床の表面を手のひらでたたいて平らにならします。容器の周囲の汚れをかたく絞ったふきんできれいにふきとり、ふたをして室温に2日おいて味をならします。

5

❺捨て漬け用野菜をとり出し、野菜についたぬかをしごいて水分をぬか床に絞り落とします。ぬか床を底のほうからよく混ぜ返し、新たに捨て漬け用野菜を漬けて2～3日おきます。

❻⑤の操作をあと2～3回くり返して、塩がなれて味のこなれたぬか床にします。

COLUMN

ぬか床の手入れ

夏の間は一日2回、その他の季節は一日1回、ぬか床を底からしっかり混ぜることが大切。3日以上家を空けるときは冷蔵庫保存が安心です。

ぬか床が少なくなってきたり水っぽくなってきたら、足しぬか（ぬか1㌔に塩大さじ1の割合）をします。

ぬか床に白カビが出たら……

表面にうっすらと膜がかかったようになるのはよくあることで、心配はいりません。ぬか床の上部を1㎝くらいすくい取って捨て、底から混ぜればよいでしょう。

ぬか床自体が酸味を帯びてきたら……

もったいないようですが、半分くらいは捨て、足しぬかと味だし用にこんぶを加えて底からよく混ぜます。また、ぬか床全体がぬめりを帯びてきたり、ぬか床の色が変色してきて漬けた野菜がおいしくないと感じたら、残念ながらぬか床を起こすところからやり直したほうが安心。そのさい、おいしいぬか床を分けてもらえれば、ぬか床が早く完成して、味もよくなります。

今どきのぬか漬け・グリーンアスパラガス、長芋、アボカド、トマト、ズッキーニ、セロリ

伝統的なぬか漬け・かぶ、きゅうり、なす、にんじん、こんぶ

ぬか漬け盛り合わ

●ぬか床の材料

生ぬか……………………500ｇ
こんぶ ……………………10㎝
赤とうがらし………………２本
水…………………………350㎖
塩……………………………70ｇ
捨て漬け用野菜（かぶの葉、大根の葉、キャベツの外葉などを１回100ｇずつ、５～６回分）

●野菜の下ごしらえ

かぶ　葉を切り除き、つけ根の部分だけぐるりと皮をむき、洗って水けをふきとります。短時間で漬けたい場合は、つけ根に深い切り目を入れます。
¼個分６kcal塩分0.4ｇ

きゅうり　洗って水けをふきとります。
½本分14kcal塩分0.6ｇ

なす　へたのまわりのひらひらした部分を除き、ぬか床をこすりつけます。
½個分11kcal塩分0.8ｇ

にんじん　皮をむいて縦半分に切ります。
¼本分17kcal塩分1.0ｇ

こんぶ　だしをとったあとのこんぶを漬けます。小物干しにつるしてかわかしてから漬けてもよい。こうすると、やわらかくなりすぎたぬか床の水分をとる効果もあります。
５㎝分７kcal塩分0.1ｇ

グリーンアスパラガス　はかまを除き、生のまま漬けます。
１本分４kcal塩分0.2ｇ

長芋　皮をむき、ぬめりをふきとります。
30ｇ20kcal塩分0.4ｇ

アボカド　熟したものを選び、半分に切って種と皮を除き、切り口を下にして漬けます。
30ｇ56kcal塩分0.4ｇ

トマト　縦半分に切ってへたを除き、切り口を下にして漬けます。
¼個分７kcal塩分0.8ｇ

ズッキーニ　皮をしま目にむきます。
¼本分７kcal塩分0.6ｇ

セロリ　筋を除き、太い部分は縦半分に切ります。
30ｇ５kcal塩分0.4ｇ

●漬け方

❶ぬか床に各材料を触れ合わないように入れ、上にたっぷりのぬか床をのせて手のひらで平らにならします。

❷食べごろは、野菜の種類や季節、漬け加減の好みなどによって違ってきます。数時間から一日を目安に。

※漬かりすぎて酸味が出たものは、ぬかを落としてから水につけて塩分を少し抜き、細かく刻み、おろししょうが、少量のしょうゆ、いりごまなどを混ぜて〝かくや〟にして食べるのもおいしいものです。お茶づけやチャーハンなどにも利用できます。

浅漬け

サラダ感覚で味わう

野菜には水けの多いものと少ないものがあります。それぞれ漬け方をくふうしてみましょう。かさを減らしたうす塩の浅漬けは、たくさん食べられます。

水分の多い野菜を漬ける

●材料／２人×２回分

かぶ………小１束 ┐
きゅうり……１本 ├ 合わせて
にんじん……３cm ├ 500ｇ
しょうが…小１かけ ┘

塩（材料の1.5％）……大さじ½

❶かぶは皮を除き、２～３mm厚さの半月切りに、きゅうりは２mm厚さの小口切りにします。にんじんとしょうがは皮を除いてせん切りにします。

❷ボールに①を入れ、塩をふって混ぜます。

❸押しぶた代わりに平皿をのせ、水を入れたボールを重石代わりにして（合わせて１～1.2kg）１時間以上漬けます。

❹汁けを軽くきって器に盛ります。

※ふたつきの容器に汁ごと移して冷蔵庫に入れると、翌日まではおいしさを保ちます。うす味なので、マヨネーズやドレッシングであえてサラダ感覚で食べるのも美味。

１人分（100ｇとして）
0.4点（28kcal）塩分1.9ｇ

水分の少ない野菜を漬ける

●材料／２人×２回分

なす……４～５個｝合わせて
みょうが３～４個｝500ｇ
青じそ……………………１束
塩(材料の３％)………大さじ１
水……………………………４カップ

❶なすはへたの部分を除いて縦半分に切り、縦に１㎝くらいの幅に切ります。みょうがは縦半分に切り、縦に薄く切ります。青じそは細切りに。

❷ボールに①を入れ、塩をふって混ぜ、呼び水として分量の水を加えます。

❸押しぶたの代わりに平皿をのせ、１時間以上漬けます。

❹汁けを絞って器に盛ります。

※なすは空気に触れると色が変わりますが、濃いめの塩水につけたまま漬けると色よく仕上がります。塩水のままふたつきの容器に移し、冷蔵庫に入れると翌日まで色よく保存できます。

１人分(100ｇとして)
0.3点(27kcal)塩分3.7ｇ

くだもの

朝のパンのテーブルに、ほんの一さじの手作りジャムがあると、一日が快適にスタートできるような気がします。香りがよくて甘さほどほどのジャム、つい食べすぎてしまいそう。

くだものの自然の色の美しさは、本当に私たちの目を楽しませてくれます。手作りのジャムが何品かあると、朝の食卓に彩りと豊かさを添えてくれます。ジャムにちょっと手を加えるだけで、ティータイムのお菓子に早替わりするのもうれしいところです。

少量でもおいしくできて、失敗も少ないジャム作りは、若い人のはじめての手作りにおすすめです。気の利いた小びんに詰めてラッピングすれば、心のこもったプレゼントになります。

また、おせち料理の彩りに甘煮したきんかんは欠かせません。旬の素材を季節の料理に使いこなすことは、日本人のすばらしい知恵だと思います。

まるごと利用術

部屋じゅうに甘い香りが広がり、
自然の色もきれい。
くだものの保存食作りはとても
豊かな気分にしてくれます。
朝寝をした休日の午後にでも
ぜひどうぞ。

いちごのジャムとお酒

露地物でぜひお試しを

ジャムはこしていちごシロップでも楽しみましょう。アイスクリームやヨーグルトのトッピングなどアイデアしだいで。

いちごジャム

●材料／でき上がり約3カップ分
いちご…………… 2パック(600g)
砂糖(いちごの60%)…360g
レモン汁……………… 1個分
大さじ1(20g)で
0.4点(31kcal)

①いちごは水洗いし、ざるにあげて水けをよくきったあと、へたを除きます。へたを除いたあとで洗うと水っぽくなるので注意。ほうろうなべに砂糖を入れていちごを加え、砂糖がとけるまでしばらくおきます。

②これを火にかけ、煮立ったら弱火に火加減し、出てくるアクをすくい除きます。弱めの中火に火加減して、20〜25分、静かに煮つめます。

③レモン汁を加え、ひと煮しして火を消します。さめるとかたくなるので、火を消すときはやわらかめでよいのです。さめてもゆるいようなら、もう一度火にかけて少々煮つめるとよいでしょう。

1回分(100mℓとして)3.3点(264kcal)

いちご酒

●材料

いちご…………1パック(300ｇ)
ホワイトリカー(35度)…3カップ
氷砂糖(いちごの50%)………
…………………………150ｇ
レモンの輪切り ………½個分

1

❶いちごは水洗いして水けをきり、へたを除きます。広口のびんにいちごと氷砂糖を交互に重ね入れて皮をむいたレモンの輪切りを加え、分量のホワイトリカーを静かに注ぎ入れます。

2

❷ふたをして、冷暗所に置いておきます。透明なホワイトリカーに徐々にいちごの色が移ってルビー色になります。それとともにいちごの色は脱色してあせてきます。

3

❸２か月くらいたってホワイトリカーがきれいなルビー色になったら、こし器を通しながら保存びんに移します。

夏みかんのマーマレード

まとめて作って冷凍も

甘みの加減は自在ですが、砂糖は夏みかんの50%は欲しいところです。米のとぎ汁で下ゆでするのがコツです。

●材料／でき上がり約4カップ分
夏みかん…………………………
…… 3個(果肉と皮で800g)
砂糖(夏みかんの果肉と皮の50%)……………………400g
米のとぎ汁………………適量
大さじ1 (20g)で
0.4点(35kcal)

❶夏みかんはよく洗って水をきり、皮に4本の切り込みを入れて皮をむきます。皮の幅を2つに切り、内側の白いわたの部分を少しそぎ除いてから3～4㎜幅の細切りにし、たっぷりの水に放します。

❷水の中で両手で軽くもむように洗います。ざるにとってざっと水をきり、水をかえて約10分水にさらしたあと、ざるにとって水けをきります。

❸たっぷりの米のとぎ汁を火にかけて煮立て、②の皮を入れ、3～4分ゆでます。米のとぎ汁でゆでると苦みがやわらぎ、オレンジ色も冴《さ》えるのです。

❹ざるにとってゆで汁をきり、水にとってあら熱をとり、水けを絞り捨てます。

❺果肉は3個分全部を袋からはずします。ほうろうなべに果肉、④の皮、分量の砂糖を合わせ入れます。

❻火にかけて煮立ったら弱火にし、浮き上がってくるアクをすくい捨てながら約20分、焦がさないように火加減に注意して煮つめていきましょう。

りんごジャム3種

手持ちの容器1びん分ずつ

酸味の強い紅玉りんごが向くのですが、皿盛りの安いりんごや、他の種類のりんごでも、レモンを加えればおいしくできます。時間の余裕があったら作り分けると、りんご1種で3倍楽しめます。

にんじん入り

明るい色合いも持ち味。
にんじんは
りんごの半量までにするのが
お互いの味をそこねることなく
仕上げるコツです。

●材料／でき上がり4カップ弱分
りんご…………3個(600g)
にんじん……大1本(200g)
砂糖(りんごとにんじんの50%)
…………………………400g
レモン汁………………1個分
大さじ1(20g)で
0.4点(32kcal)

❶ほうろうなべにレモン汁を入れます。にんじんとりんごは皮をむき、レモン汁の中に順にすりおろしながら加えていきます。

❷分量の砂糖を加え、全体を混ぜ合わせてから火にかけます。煮立ったら火を弱めて中火に火加減します。

❸煮始めはアクや泡がたくさん浮いてきますから、こまめにすくいとっては捨てましょう。20〜25分煮てぽってりとなったらころ合いですから火を消します。

にんじん入り
刻みジャム
ゼリー風

ゼリー風

手間はかかりますが、透明感のある仕上がりは
このジャムならでは。プレゼントにすれば
喜ばれること、うけあいです。
煮出したりんごの汁をしたたらせる
布袋を用意しておきます。

●材料／でき上がり約5カップ分
りんご…………4個（1kg）
グラニュー糖（煮出してしたたらせた汁の70％）……約700g
レモン汁……………1個分
大さじ1（20g）で
0.5点（40kcal）

❶りんごはへただけを除いてていねいに水洗いし、ほうろうなべに並べて入れます。水をかぶるまで注ぎ、火にかけます。ふたをずらしてかけ、弱火で4時間ほど、静かに煮出します。

❷目の詰んだ布で袋を作って用意しておきます。この袋に①のりんごを汁ごと入れてつるし（水道の蛇口がつごうがよい）、下になべなどを受けて自然に汁をしたたらせます。

❸約半日かけてゆっくりとしたたらせたら、その汁の分量を計り（約1000㎖）、なべに入れます。汁の70％のグラニュー糖を計って加え、火にかけます。

❹中火で煮て、浮き上がってくるアクをすくい捨てながら20～25分、煮立たせないように静かに煮ます。

❺煮つめ加減を見るには、汁少量をスプーンですくって冷水に落としてみます。このときパッと散らないで、なんとかかたまり状を保つくらいを目安にします。

❻さめるとかたくなるので、この煮つめぐあいがポイントです。レモン汁を加え、もうひと煮して火を消します。

刻みジャム

ざくざくと刻んで煮るだけの
シンプルさが魅力。
朝のトーストにたっぷりのせて。
アップルパイに利用しても
よいでしょう。

●材料／でき上がり約5カップ分
りんご…………… 4個（1kg）
砂糖（りんごの50%）…500g
レモン汁……………… 1個分
大さじ1（20g）で
0.4点（34kcal）

❶りんごはくし形に切り、皮をむいて芯を除きます。ボールに海水程度の塩加減の塩水を張り、りんごを3～4㎜厚さのいちょう切りにしては塩水に放していきます。

❷ざるにとって水けをよくきり、ほうろうなべに入れ、砂糖を加えて混ぜ合わせます。そのまましばらくおいて砂糖がとけてきたら火にかけ、煮立ったら中火に火加減します。

❸出てくるアクをすくい捨てながら約20分、静かに煮つめます。りんごが透き通って汁がとろりとなったらころ合いの煮つめぐあい。レモン汁を加え、もうひと煮して火を消します。

きんかんの甘煮

和菓子のかわりに1粒どうぞ

お正月のおせちにはもちろんですが、じょうずに保存すれば1年中楽しめます。

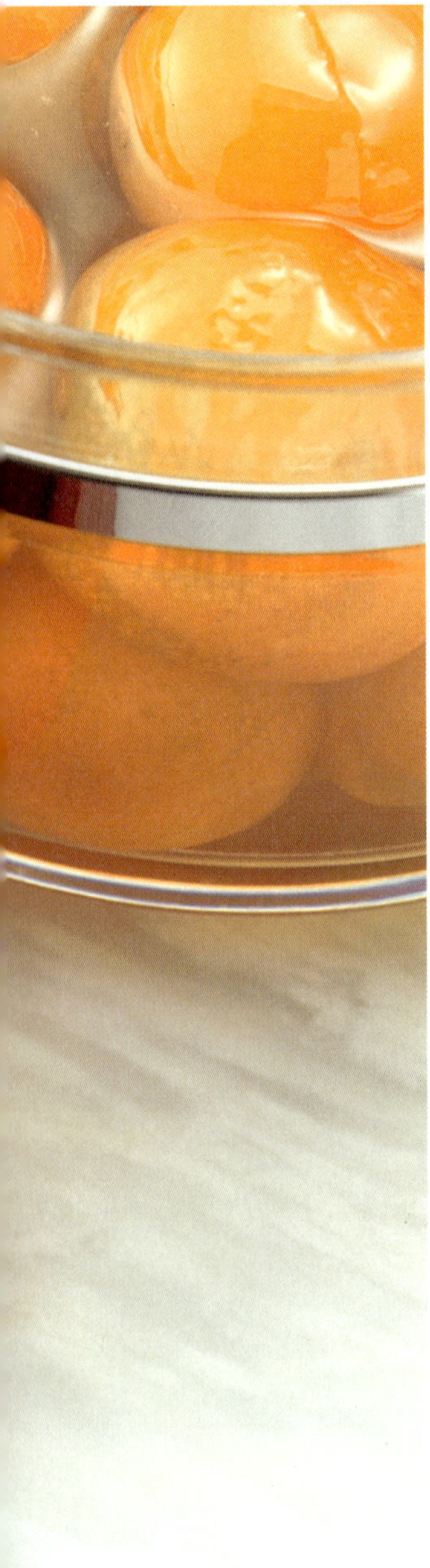

●材料
きんかん…………………… 1㎏
砂糖（きんかんの50％）………
……………………………500ｇ
レモン汁……………… 1個分
米のとぎ汁………………適量
1個分（15ｇとして）0.6点（44kcal）

❶きんかんは水で洗います。1個ずつまな板に置き、皮の横中央に5㎜くらいの切り目を入れます。こうすると味を含みやすくなり、煮てもしわが寄らないのです。

❷たっぷりの米のとぎ汁を煮立て、きんかんを入れます。再び煮立ったら3～4分ゆでます。米のとぎ汁で下ゆですると色が冴《さ》えた煮上がりになります。

❸ざるにとってゆで汁をきり、水にとって両手で返しながら洗います。続いてたっぷりの水をボールに張り、1～2回水をかえて約15分水にさらします。こうすると苦味がほどよく抜けます。

❹ざるにとって水をきり、ほうろうなべに入れます。分量の砂糖を加え、水をかぶるまで（4カップくらい）注いで火にかけます。煮立ったら弱火に火加減します。

❻20～25分静かに煮含めます。レモン汁を加えてひと煮して火を消します。あら熱がとれたら口の広い容器に煮汁ごと移し、完全にさましてから冷蔵庫へ。冷蔵庫で２～３か月はもちます。汁が濁ったり表面に泡が浮いたりしたら、汁だけほうろうなべに移し、アクを捨てながら４～５分煮立て、さまします。びんを洗ってきんかんと汁を戻しましょう。これをくり返せば、１年はもちます。

❺初めのうちはアク泡がたくさん浮き上がってきます。これをすくい捨てないと、見た目も味わいもよくなりません。アクすくいを水で洗っては、丹念にすくい捨てます。

まどきレシピ

母から受け継いできた手作り保存食ですが、私なりに工夫をしたり、改良したりしながら、新しい味も発見しました。また、今の生活のニーズに合った新しいレシピもいろいろ生まれてきました。そのなかのほんの一部をご紹介しましょう。

伝統的な漬物の代表格であるたくあん漬けを、干し大根を使ってもっと手軽に作ってみます。一束7～8本の干し大根は、ほかの保存食にも展開していろい

干し大根のパリパリ漬け

きゅうりのナオちゃん漬け

即席カクテギ

杵島直美のい

ろな味を楽しみましょう。

漬物のイメージを一新する即席漬けは、おいしい副菜として食卓を豊かにしてくれます。

ピクルスは、洋風の漬物の代表格。ピクルス液を常備しておき、残り野菜を上手に使ってサラダ感覚でいただきましょう。

手作りソースを少し余分に作って保存しておけば、手早く一品料理のできあがり。お助けソース4種を使ったレシピもご紹介します。

冬野菜のピクルス

夏野菜のピクルス

ズッキーニのカレーマリネ

油揚げとの含め煮

1人分(50gとして) 1.1点(85kcal)塩分0.5g

●材料

干し大根…………1本(500g)
油揚げ………………2枚(80g)
だし……………………………2½カップ
しょうゆ………………大さじ2½
酒…………………………大さじ2

1 干し大根はぬれぶきんでふき、4㎝長さの食べやすい大きさに切ります。

2 油揚げは熱湯をかけて油抜きをし、短いほうの辺を1.5㎝幅に切り、ひと結びします。

3 なべに①②を入れてだしを注ぎ、火にかけます。煮立ったら火を弱めて3分ほど煮、しょうゆと酒で調味し、落としぶたをして中火で20分以上煮含めます。

干し大根一束を使いきる

7つのアイデア

**師走に入ると、
八百屋の店先に
干し大根が並びます。
日干しされてひなびた色合いになった
大根が7～8本束ねて売られています。
ここでは一束を存分に楽しめる料理を
ご紹介します。年末年始のちょっとした
お遣い物としても喜ばれるものばかりです。**

きんぴら

●材料

干し大根…………1本(500g)
赤とうがらし……………1本
ごま油・油…………各大さじ1
a { しょうゆ………………大さじ4
a { みりん・酒…………各大さじ2

1 干し大根はぬれぶきんでふき、4㎝長さ8㎜幅の細切りにします。

2 ごま油と油を熱して①の大根と赤とうがらしをいため、全体に油がまわったらaで調味し、木べらで混ぜながら3～4分いためます。

1人分(30gとして)
1.1点(86kcal)塩分0.7g

ごはんに混ぜて
おにぎりにしたり、お茶づけや
チャーハンの具などに。
うす味なので、
翌日には食べきりましょう。

干し大根の葉とじゃこのふりかけ

●材料

干し大根の葉(6本分のきれいな部分)…………………200g
ちりめんじゃこ 大さじ2(5g)
油・酒………………各大さじ1
塩…………………………小さじ1

1 干し大根の葉は黄色い部分を除き、それぞれの葉を縦に2つずつに裂きます。

2 沸騰水に塩少量(分量外)を入れ、①の葉を入れてゆでます。水にとり、水けを絞って小口から細かく切ります。

3 油でちりめんじゃこをカリッとなるまでいため、②の葉を加えてていねいにいため合わせます。全体に油がまわったら酒と塩で調味し、パラリとなるように仕上げます。

1人分(20～30gとして)
0.2点(17kcal)塩分0.6g

即席カクテキ

●材料

干し大根……1本(500g)
塩……小さじ1

キムチのもと
- 大根……2㎝(100g)
- 塩……少量
- にんにく……1かけ
- しょうが……小1かけ(10g)
- りんご……1/4個(80g)
- 赤とうがらし粉(細びき)・湯……各大さじ2
- 砂糖・ナムプラー（なければしょうゆ)……各大さじ1
- 塩……小さじ1
- 小ねぎ(小口切り)……3本(15g)
- しらす干し……20g

1 干し大根はぬれぶきんでふき、1.5㎝角に切り、塩をからめて30分ほどおきます。
2 キムチのもとを作ります。大根はせん切りにし、塩をからめてしんなりとなるまでおいて汁けを絞ります。
3 皮をむいたにんにくとしょうが、皮つきのままのりんごはすりおろします。
4 大きめのボールに赤とうがらし粉と分量の湯を入れてよく練り、砂糖、ナムプラー、塩を加えてよく混ぜ、③を加えてさらによく混ぜます。小ねぎ、しらす干し、②の大根を加えて混ぜ合わせます。
5 ④のボールに①の大根を汁けを絞って加え、よく混ぜ、平皿と軽い重石をのせて半日以上漬けます。
6 漬け汁ごとふたつきの容器に移し、冷蔵庫で保存します。
※3～4日めまでおいしく食べられます。

1人分(50gとして)
1.3点(105kcal)塩分1.3g

ゆず甘酢漬け

●材料

干し大根……1本(500g)
ゆず……1個

a
- 酢……1カップ
- 砂糖……100g
- 塩……小さじ2

1 干し大根はぬれぶきんでふき、2～3㎜厚さのいちょう切りにします。
2 ゆずはきれいに洗います。皮は薄くそぎ切りにし、白い部分を除いてせん切りにします。実は汁を搾り、濾《こ》して種を除きます。
3 aにゆずの搾り汁を加え、よく混ぜて砂糖と塩をとかします。
4 ボールに大根とゆずの皮を入れて③を注ぎ、ざっと混ぜ合わせます。平皿と軽い重石をのせ、2時間以上漬けます。
5 漬け汁ごとふたつきの容器に移し、冷蔵庫で保存します。
※1週間くらいで食べきりましょう。

1人分(25gとして)
0.7点(59kcal)塩分0.4g

はりはり漬け

●材料

干し大根…………1本(500g)
こんぶ………………………10cm
a
酢…………………………2/3カップ
みりん・しょうゆ…各大さじ3

①干し大根はぬれぶきんでふき、4cm長さ3mm幅の細切りにします。

②こんぶは水につけてやわらかくし、食べやすい長さのせん切りにします。

③ボールに①②を入れてａを注ぎ、全体をざっと混ぜ、平皿と軽い重石をのせて2時間以上漬けます。

④漬け汁ごとふたつきの容器に移し、冷蔵庫で保存します。

※うす味なので4～5日で食べきりましょう。

1人分(25gとして)
0.7点(54kcal)塩分0.4g

パリパリ漬け

●材料

干し大根…………1本(500g)
しょうが……………………30g
a
しょうゆ…………………1/2カップ
砂糖…………………………50g
酢・みりん・酒……各大さじ3

①干し大根はぬれぶきんでふき、3mm厚さのいちょう切りにします。しょうがは皮を除いてせん切りにします。合わせてボールに入れます。

②ａを煮立て、熱いうちに①のボールにまわし入れ（写真2）、平皿をのせてさめるまでおきます。

③なべに②の汁を濾《こ》し入れ（写真3）、煮立てて大根にまわしかけ、平皿をのせてさめるまでおきます。この作業をもう2～3回くり返し、大根がほどよく色づいて味がしみたらでき上がり。

④漬け汁ごとふたつきの容器に移し、冷蔵庫で保存します。

2

3

※2週間くらいはおいしく保存できます。それ以上おく場合は煮汁を煮立ててさまし、漬けなおしましょう。

1人分(25gとして)
0.7点(53kcal)塩分0.6g

たくあん漬け

●材料

干し大根…………2本(1kg)
柿の皮・りんごの皮…………各½個分
みかんの皮…………1個分
こんぶ…………15cm
赤とうがらし………2～3本
a ｛生ぬか(干し大根の15%)…………150g
ざらめ(干し大根の5%)…………50g
塩(干し大根の6%)……60g｝

1人分(25gとして)
0.9点(79kcal) 塩分1.4g

1

1 干し大根は、Uの字に曲がるくらいがちょうどよい干し加減です。

2

2 まな板に干し大根を置き、両手のひらでごろごろところがしてやわらかくします。葉を切り落とします。

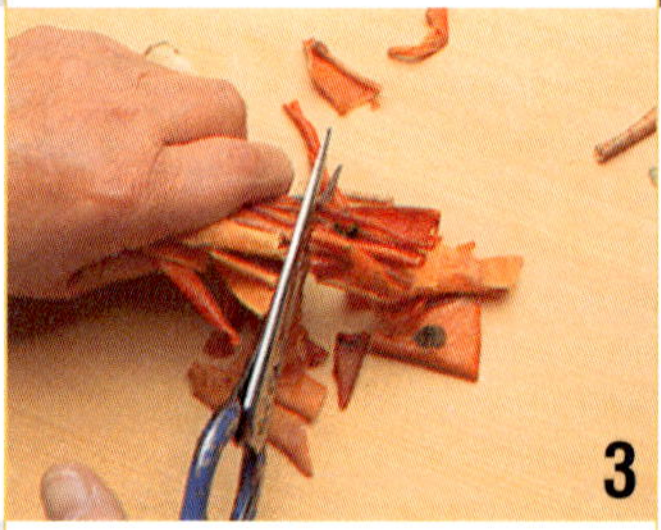
3

3 くだものの皮は、前もって日に当ててからからの状態に干しておきます。柿の皮とりんごの皮は5～6cm長さに切り、みかんの皮は手であらく砕きます。こんぶは長さを3等分にします。

4

4 ボールにa、③、赤とうがらしを入れてよく混ぜます。

5

5 卓上漬物容器に④の½量を敷き、②の大根を平らにきっちりと詰め、残りの④をふり入れます。

6

6 上に②で切り落とした葉をのせます。

7 ふたをし、ねじをぎゅっとしめます。ねじがゆるんできたらしめ直します。1週間ほどたつとぬかの上につけ汁が上がってくるので、汁は捨て、容器ごと冷蔵庫で保存します。
※20日ほどで漬かります。干し大根を2～3日干してから漬けると、2～3か月は保存できますが、今回はすぐに漬けているので、漬け上がりから1か月くらいで食べきりましょう。

即席漬け

さっと出せる4種類

家庭の人数に合わせて、ごく少量でも手軽に作れる漬物です。

きゅうりのナオちゃん漬け

市販の味と食感を再現。添加物なしは手作りならでは。

●材料

きゅうり……4本(380g)
しょうが……大1かけ(20g)
塩……小さじ½
a しょうゆ……大さじ5
a 酢……大さじ3
a 砂糖……40g
a みりん・酒……各大さじ1½

1. きゅうりは縦半分に切ってスプーンで種を除き、太いものはさらに縦に切り、3～4㎝長さに切ります。しょうがは皮を除いてせん切りに。
2. ボールに①を入れ、塩をふって混ぜ、しばらくおきます。しんなりとなったら汁けをふいて容器に入れます。
3. aを合わせて煮立て、熱いうちに②の容器に注ぎ、平皿をのせてさめるまでおきます。
4. ③の汁を濾《こ》してなべに入れて煮立て、きゅうりにかけ、平皿をのせてさめるまでおきます。これをもう1～2回くり返します。冷蔵庫に入れ、一晩おいて味をなじませます。

※2～3日たったものは、もう1回同じことをくり返して冷蔵庫で保存しましょう。
※汁を煮立ててはきゅうりにかけることをくり返すと、半月はおいしく食べられます。

1人分(25gとして)
0.2点(13kcal)塩分0.7g

大根のゆず漬け

京の漬物の味を自家製で。

●材料

大根……500g
塩……大さじ½
ゆず……1個
a みりん・うす口しょうゆ……各大さじ1
一味とうがらし……小さじ½

1. 大根は4㎝長さ、1㎝角の拍子木に切ってボールに入れ、塩をふって混ぜます。平皿と重石をのせ、2時間ほど下漬けします。
2. ゆずはきれいに洗います。½個分の皮を薄くそぎ切り、白い部分を除いてせん切りにします。実は汁を搾ります。
3. ①の大根をざるにあげ、汁けをよくきります。ボールは洗って水けをきり、この中に大根とゆずの皮を入れてざっと混ぜます。a、ゆずの搾り汁、一味とうがらしを加えて全体をざっと混ぜ、平皿に重石をのせて一晩漬けます。

※漬け汁ごとふたつきの容器に移して冷蔵庫に入れておくと、3日間はおいしく保存できます。

1人分(30gとして)
0.1点(9kcal)塩分0.3g

洋風料理のつけ合わせにも利用して。

ズッキーニのカレーマリネ

●材料

ズッキーニ……2本(400g)

a
- 白ワインビネガー・オリーブ油……各大さじ1
- カレー粉……小さじ2
- 砂糖……小さじ1
- 塩……小さじ⅔

①ズッキーニは皮をしま目にむき、小口から7～8㎜幅に切ります。かためにゆで、ざるにあげて湯をきります。

②ボールにaを入れてよく混ぜ、①のズッキーニを入れて混ぜます。平皿に重石をのせて1時間ほど漬けます。

※漬け汁ごとふたつきの容器に移して冷蔵庫へ。翌日までが食べごろ。洋風料理の主菜やパスタのつけ合わせに。

1人分(80gとして)
0.5点(40kcal)塩分0.8g

副菜の一品として食卓に。

1人分(50gとして)0.2点(17kcal)塩分0.3g

トマトと玉ねぎのバルサミコ酢漬け

●材料

トマト……小2個(200g)

玉ねぎ……1個(200g)

レモン 1個(皮を除いて80g)

a
- バルサミコ酢・水…各大さじ3
- 塩……小さじ½

①トマトは皮つきのまま5㎜厚さの輪切りに、玉ねぎも5㎜厚さの輪切りにします。レモンは皮を除き、½個分は2～3㎜厚さの輪切りにし、残りは汁を搾ります。

②バットにレモン汁とaを入れてよく混ぜ、玉ねぎを並べ入れ、上にトマトとレモンを順に重ねる。軽い重石をして1時間ほど漬ける。

※漬け汁ごとふたつきの容器に移して冷蔵庫へ。翌日には食べきりましょう。ハンバーガーやサンドイッチにも利用できます。漬け汁はドレッシングに。

2 ピクルス

季節の2種類

**好みの味にととのえた
ピクルス液を常備しておけば、
思いのほか野菜をたくさんとれます。
余り野菜なども気軽に
漬け込めばむだがありません。
夏野菜は生のまま、
冬野菜はさっと湯通しします。**

夏野菜のピクルス

1人分(50gとして) 0.3点(23kcal)塩分0.9g

●材料

- きゅうり……2本
- セロリ………1本
- みょうが3～4個
- ミニトマト…………5～6個

（以上、合わせて500g）

- 塩……………………………小さじ1/2
- ピクルス液………………適量

1 きゅうりは長さを5～6等分し、セロリは筋を除き、きゅうりと同じくらいの長さに、みょうがは縦半分に切ります。

2 ボールに①を入れ、塩をふって混ぜ、しんなりとなるまでしばらくおきます。

3 ②の野菜の汁けをふいて広口びんなどに入れ、ミニトマトも入れ、ピクルス液をかぶるくらい注ぎ、ふたをして一日以上漬けます。

※汁けをきり、食べやすく切って盛る。びんのまま冷蔵庫に入れておくと、1週間ほど保存できます。

冬野菜のピクルス

●材料

- カリフラワー……………………200g
- にんじん……1/2本
- かぼちゃ……100g
- しめじ類……150g

（以上、合わせて500g）

- ピクルス液………………適量

1 カリフラワーは小房に分け、にんじんは5～6㎜厚さの輪切りにし、抜き型があれば型抜きします。かぼちゃは種とわたを除き、食べやすい大きさのくし形に切り、しめじは石づきを除いてほぐします。

2 湯を沸かし、①を火の通りにくいものから順に入れてかためにゆでます。

3 ゆで汁をきって広口びんなどに入れ、ピクルス液をかぶるくらい注ぎ、ふたをして一日以上漬けます。

※汁けをきり、食べやすく切って盛る。びんのまま冷蔵庫に入れておくと、1週間ほど保存できます。

1人分(50gとして)0.3点(22kcal)塩分0.6g

ピクルス液

●材料

a
- 酢……………………………2カップ
- 水……………………………2/3カップ
- 砂糖…………………………60g
- 塩……………………………小さじ2

- 赤とうがらし………2～3本
- 黒粒こしょう………15～20粒
- ロリエ………………………2枚

ほうろうか耐熱ガラスのなべにaを入れて火にかけ、煮立てて砂糖をとかし、火を消します。赤とうがらしと黒粒こしょうとロリエを加えてさまします。

※びんに入れて保存しておくと、気軽にピクルスを作ることができます。

2

2

4 ソース

定番の4種類

ベーシックなソースをマスターしておけば、とても便利。
ソースを作るときは、少し多めに
作っておくと、手軽に一品仕上がります。
面倒になりがちな一人のランチも
作りおきのソースが大活躍。
また、おなかを空かせて帰宅した
子どもたちにも作ってあげたい、
4つのスピード料理を紹介しましょう。

トマトソース

●材料／できあがり800mℓ

カットトマト缶詰め…………………………大2缶(800g)
玉ねぎ……………1個(250g)
にんにく……………………1かけ
オリーブ油…………大さじ1½
固形ブイヨン(砕く)……1個
塩…………………………小さじ½
こしょう……………………少量

1 玉ねぎは縦半分に切って芯《しん》を除き、さらに縦半分に切って横に薄く切ります。にんにくは芯を除いてみじん切りに。

2 オリーブ油で①をいため、しんなりとしたらトマトを缶汁ごと加え、ブイヨンも加えます。

3 煮立ったら火を弱め、ときどき混ぜながら中火で10分ほど煮つめます。塩とこしょうで調味します。

½カップ分0.7点(55kcal)塩分1.3g

アサリのリゾット

●材料／2人分

ごはん……………………300g
アサリ(砂出し)…殻つき150g
水…………………………2カップ
酒………………………大さじ2
トマトソース……………1カップ
パセリのみじん切り……少量
塩・こしょう……………少量

1 アサリは殻をこすり合わせて洗い、なべに入れ、水と酒を加えて火にかけます。殻が開いたら火を消してとり出します。

2 ごはんは冷たければ電子レンジで温め、ざるに入れ、流水で洗って水けをきります。

3 ①のなべにトマトソースを入れて火にかけ、煮立ったら②のごはんを加えて温まる程度に煮ます。アサリを戻し入れてひと煮し、塩・こしょうで味をととのえます。

4 器に盛りパセリをふります。

1人分4.0点(317kcal)塩分2.0g

麻婆めん

●材料／2人分

生中華めん………2玉(240g)
{熱湯……………………………1カップ
{鶏がらスープのもと…小さじ2
麻婆ソース……………½カップ
ねぎ…………………8cm(20g)
ごま油…………………小さじ2

①分量の熱湯に鶏がらスープのもとを加えて煮とかします。
②ねぎは4cm長さのせん切りにします。
③中華めんはかためにゆで、ゆで汁をきり、①のスープにくぐらせ、汁けを軽くきって器に盛ります。温めた麻婆ソースをかけ、ねぎをのせます。
④フライパンにごま油を入れて熱し、ねぎの上からジュッとかけます。
※全体を混ぜて食べます。

1人分7.8点(627kcal)塩分4.9g

麻婆ソース

●材料／できあがり450mℓ

豚ひき肉…………………300g
ねぎ……………½本(50g)
にんにく……………………1かけ
しょうが………小1かけ(10g)
油……………………大さじ1½
豆板醤《とうばんじゃん》………………大さじ½
a{湯…………………………1カップ
a{鶏がらスープのもと…小さじ2
b{しょうゆ………………大さじ2
b{砂糖・酒……………各大さじ1
{かたくり粉……………大さじ1
{水…………………………大さじ2

①ねぎ、にんにく、しょうがはみじん切りにします。
②油で①をいため、豚ひき肉を加えてパラパラになるまでいためます。脂をざっと除き、豆板醤を加えていためます。
③aを加え、煮立ったら火を弱めて2～3分、bで調味して2～3分煮ます。水ときかたくり粉をまわし入れ、なべを揺すってとろみをつけます。

½カップ分3.1点(244kcal)塩分2.4g

タコライス風

●材料／2人分

ごはん……………………300g
レタス……………2枚(20g)
ミートソース……………1カップ
チリソース……………小さじ1/3
ピザ用チーズ…………大さじ2

1 ごはんは冷たければ電子レンジで温めます。
2 レタスは食べやすい大きさに切ります。
3 ミートソースは電子レンジで加熱します。チリソースを混ぜ、チーズを散らしてチーズがとけるまでさらに電子レンジで温めます。
4 器に熱いごはんを盛ってレタスをのせ、③の熱いソースをかけます。

※全体を混ぜて食べます。

1人分5.9点(475kcal)塩分1.9g

1/2カップ分2.3点(187kcal)塩分1.6g

ミートソース

●材料／できあがり700mℓ

牛豚ひき肉……………300g
玉ねぎ……………1個(250g)
にんにく……………………1かけ
油………………………大さじ2
塩・こしょう…………各少量
カットトマト缶詰め…………
…………………大1缶(400g)

a
固形ブイヨン(砕く)……1個
ロリエ……………………1枚

b
トマトケチャップ……大さじ2
塩…………………………小さじ1/2
こしょう……………………少量

1 玉ねぎとにんにくはみじん切りにします。
2 油で①をいため、しんなりとなって色づいてきたらひき肉を加えていため、ひき肉がパラパラになったら塩とこしょうで調味します。
3 トマトを缶汁ごと加えてつぶしながら混ぜ、aを加えてひと煮し、火を弱めます。ときどき混ぜながら10分ほど煮つめ、bで調味します。

ホワイトソース

●材料／でき上がり1000mℓ

小麦粉・バター………各60g
牛乳………………………1ℓ
白ワイン………………大さじ2
塩…………………………小さじ2/3
こしょう…………………少量

①厚手のなべにバターを入れて弱火にかけ、焦がさないようにゆっくりととかします。

②①に小麦粉をふり入れ、焦がさないように注意してていねいにいためます。

③サラサラとした感じがねっとりとした感じに変わってきたら牛乳を一度に加え、あわ立て器でなべ底から混ぜます。

④煮立ったら白ワインを加え、火を弱めて、木べらでときどき混ぜながら7～8分煮つめます。トロリとしてきたら塩とこしょうで調味します。

1/2カップ分1.7点（136kcal）塩分0.6g

ライスグラタン

●材料／2人分

ごはん……………………300g
ハム………………2枚（40g）
玉ねぎ……………1/4個（60g）
油…………………………大さじ1
塩・こしょう……………各少量
トマトケチャップ……大さじ2
バター……………………適量
ホワイトソース…………1カップ
粉チーズ…………………大さじ1

①ハムと玉ねぎは粗みじんに切ります。

②油で①をいため、ごはんを加えていため、塩とこしょうとトマトケチャップで調味してパラリといため上げます。

③耐熱容器にバターを塗り、②を盛り、ホワイトソースをかけて粉チーズをふります。

④200℃に熱したオーブントースターで10分ほど焼きます。

1人分 6.8点（544kcal）塩分2.2g

私の少量保存食ごよみ

暦

早春

ふきのとう

菜の花

ふきのとうみそ

①ふきのとう200gはゆでて水にさらしたのち、水をしぼる。
②①を細かく刻み、油でいためる。
③別のなべで赤みそ100g、砂糖40g、みりん・酒・水各大さじ2を合わせて火にかけて練る。
④②を加えて、さらに2～3分練り混ぜる。

菜の花の一夜漬け

菜の花の重さの1.5%の塩をふり、酒少量をふって漬ける。3日間以内には食べきりたい。

サワラ
いちご
夏みかん
サヨリ
びわ

サワラのちくわ、さつま揚げ

➡P24~27参照

いちごのジャム、果実酒

➡P62~63参照

夏みかんのマーマレード

➡P64~65参照

サヨリの干物

①サヨリは腹開きにし、2%の塩を両面にふる。
②吊るした竹ざるなどに入れて2～3時間干す。

びわの果実酒

果実はよく洗って水気をふきとり、まるのまま、いちご酒(63ページ)と同様に。氷砂糖は果実の50～60%重量を目安とする。

初夏

らっきょう
小梅、青梅、梅
さんしょうの実
新にんにく

さんしょうの実の保存

①さんしょうの実100gは柄つきのざるに入れ、ざるごと沸騰水につけ、再び煮立ったら、すぐざるごと引き上げて冷水にとる。
②水をかえ、1時間～一晩水にさらしたのち、水をよく切り、小分けにして冷凍する。
※ぬか床に加えると虫がつきにくい。煮魚に加えると香りがよい。

新にんにくのしょうゆ漬け

①新にんにく2個は小片に分けて薄皮をむく。
②①を小びんに入れ、しょうゆをかぶるくらいに注ぎ、1か月ほど漬け込む。
③しょうゆから取り出して、別の容器に入れ、保存する。残りのしょうゆは、風味の移った調味料として利用できる。

新にんにくのみそ漬

しょうゆ漬けと同様に下処理を行い、みそをからめて1か月ほど漬け込む。同様に、みそも風味調味料として利用できる。

いちじくのワイン煮

1 水3カップを煮立て、皮つきのままのいちじく1kgを並べ入れる。
2 白ワイン½カップ、砂糖700g、レモン汁1個分を加え、アクをとりながら中火で30分煮含める。
3 ②は容器に並べ、ひたひたに煮汁を入れて冷蔵庫で保存する。1週間はおいしく食べられる。

いちじくのジャム

ワイン煮の煮汁を20分ほど煮詰め、レモン汁を加えて仕上げるとおいしいジャムになる。

あんず、プラムのジャム

果実はよく洗い、半割りにして種を除き、いちごジャム(62ページ)と同様に。砂糖は果実の50～60%重量を目安とする。

さくらんぼ、あんず、プラムの果実酒

果実はよく洗って水気をふきとり、まるのまま、いちご酒(63ページ)と同様に。氷砂糖は果実の50～60%重量を目安とする。

らっきょうの塩漬け、甘酢漬け、酢じょうゆ漬け

➡P42~47参照

小梅のかりかり漬け

➡P8~11参照

青梅の砂糖漬け、梅酒

➡P12~15参照

梅干し

➡P16~21参照

いちじく　秋　さくらんぼ　あんず　プラム

小なす　キス　みょうが　新しょうが

小なすのつくだ煮

1 小なす15個はへたのひらひらだけを除き、針などで全体をプツプツと刺す。
2 沸騰水に入れ4～5分ゆでて、水にさらす。
3 水を絞り、だし1½カップ、しょうゆ・酒各⅓カップ、みりん大さじ2、赤とうがらし1本をとともに弱火で30～40分煮含める。
4 冷めたら煮汁のまま冷蔵庫で保存し、3～4日めには火を通し直し、10日間くらいで食べきる。

キスの干物

1 キスは腹開きにし、2%の塩を両面にふる。
2 吊るした竹ざるなどに入れて2～3時間干す。

みょうがの酢漬け

1 みょうが10個は縦に半分に切って、さっとゆでる。
2 ゆで汁をきり、甘酢（酢½カップ、砂糖大さじ2、塩小さじ¼）に漬ける。
※ほんのり色づいた漬け酢は、他の酢のものにも利用できる。

新しょうがの甘酢漬け

1 新しょうが約300gは皮をむき、繊維に沿って薄切りにし、水に10分さらして水をきる。
2 30～40秒ゆでて手早く湯をきり、さめないうちに甘酢（酢1カップ、砂糖大さじ4、塩小さじ1）に漬ける。
※冷蔵庫で1カ月はもつ。

干し大根のきんぴら、含め煮
➡P74~75参照

干し大根のゆず甘酢漬け、即席カクテキ、パリパリ漬け、はりはり漬け
➡P76~77参照

白菜漬け
➡P50~51参照

青菜漬け
➡P52~53参照

かりんの果実酒

かりんはたてに半割りにして種をかき出し、7～8㎜の半月切りにしたのち、いちご酒(63ページ)と同様に。

しその実の塩漬け

1 穂じそ50gをさっと洗って水をよくきり、穂先側から根元に向けて実をしごきとる。
2 水1カップに塩大さじ½を加えた中に①を入れ、落としぶたをして2～3時間つける。
3 ざるにあげて水けをよく切り、塩大さじ1をしその実にからめる。
4 ③を密閉容器に詰め、上に塩少量をふり、軽い重石をのせて保存する。
5 使うときは用途に合わせ、水にさらして塩抜きする。

イワシのちくわ、さつま揚げ
➡P24~27参照

サバのでんぶ
➡P32~33参照

サケのでんぶ
➡P32~33参照

りんごジャム
➡P66~69参照

青菜類　干し大根
大根　白菜
りんご
かりん
イワシ
サケ　しその実
サバ

冬

ゆず
ぎんなん
きのこ類
食用菊

ゆず

まるのままラップで包み、さらにアルミ箔で包んで冷凍保存。

ぎんなんの保存

1 ぎんなん適量は割って殻を除き、ゆでて薄皮を除く。
2 小分けしてラップに包み、さらにアルミ箔で包んで、ポリ袋にまとめて入れて冷凍する。
※1年間は色よく保存できるので茶碗蒸や煮物の彩りに利用する。

きのこの当座煮

1 なめこ・生しいたけ・えのきだけ・しめじ各100gと水½カップ、しょうゆ大さじ5、酒・みりん各大さじ2、赤とうがらし1本を合わせ入れて火にかける。
2 アクを除きながら6～7分煮る。
3 冷めたら冷蔵庫で保存し、3～4日に一度煮返し、1週間くらいで食べきる。

食用菊の保存

1 食用菊50gは花びらを摘み、酢少量を加えた熱湯でゆでる。
2 水にとって水けを絞り、ラップに包んで冷凍する。

ソーセージ
➡P28~29参照

大豆の保存
➡P36参照

肉みそ、ピーナッツみそ、酢みそ
➡P34~35参照

小アジの干物
1 小アジは腹開きにし、4尾に対して小さじ1の塩を両面にふる。
2 汁けをふきとり、小物干しなどにつるして、2～3時間から5～6時間干す。

イカの干物
1 イカは胴を開き、足もつけ根を開いて目、口、大きめの吸盤を除く。
2 イカ2はいに対して塩小さじ1と酒大さじ2をからめ、20分おく。
3 汁けをふきとり、小物干しなどにつるして、2～3時間から5～6時間干す。

大根の巻き干し漬け
➡P54~55参照

大根のゆず漬け
➡P80参照

きんかんの甘煮
➡P70~71参照

タラのでんぶ
➡P32~33参照

新酒粕の粕みそ床
➡P38~39参照

いよかんのマーマレード
➡P64~65参照
夏みかんのマーマレード参照

通年
大豆　ひき肉
みそ
いんげん豆
小アジ
イカ
鶏肉

早春
きんかん
タラ　新酒粕
いよかん

いんげん豆の煮豆
1 いんげん100gはたっぷりの水に一晩つける。
2 ①をざるにあげ、水から煮て一度ゆでこぼし、新しい水を加えて、50分以上かけてゆっくりゆでる。
3 砂糖100gを加えて10分煮て、塩少量を加える。

いんげん豆のあん
いんげん豆の煮豆をフードプロセッサーにかけ、なべでひと煮するとつぶあんになる。小豆も同様に。

鶏肉の塩漬け
1 鶏肉に肉の重さの2%の塩をすり込み、2重にしたポリ袋に入れる。
2 薄切りの玉ねぎ、にんじん、セロリの葉、パセリの軸などの香味野菜を加えてからめ、中の空気を抜いて袋の口を閉じる。
3 冷蔵庫で一日おく。
4 汁けをふいてからソテー、フライ、網焼きに。
※鶏肉は塩漬けにすると水っぽさが抜けて味がよくなる。

イカの塩辛
1 するめイカ2はいは、胴の皮をむき、わたをとりだす。身は細切りにして塩大さじ½、酒大さじ1をからめて、冷蔵庫で一晩おく。
2 わた2はい分は、塩大さじ1½をまぶして室内に一晩おく。
3 ②のわたをしごきだして、汁けをよくきった①とあえる。すぐにでも食べられるが、1日2回くらい混ぜ、翌日から2～3日間がおいしい。

いよかんのピール
1 いよかん2個は8等分の放射状に切り目を入れる。
2 皮をむき、裏側の白いわた部分を少しそぎ除く。
3 煮立てた米のとぎ汁で、②を3～4分ゆでたのち、水にとってしばらくさらす。
4 ほうろうなべに入れ、水¾カップ、砂糖50g、いよかんの絞り汁1個分、レモンの絞り汁½個分を加えて火にかけ、アクを除きながら弱火で、汁けがほぼなくなるまで、焦がさないように注意して煮る。
5 ④を金網に並べて風干しにして、ほぼかわいたら両面にグラニュー糖をまぶす。

くだもの

X

その他の野菜、きのこ

梅

らっきょう

干し大根

ソース

魚介

みそ、豆

肉

素材別料理索引

INDE

気軽な保存食

初めての少量手作り

2007年4月1日初版第1刷発行
著者・村上昭子、杵島直美
発行者・香川達雄
発行所・女子栄養大学出版部
http://www.eiyo.21.com
〒170−8481　東京都豊島区駒込3−24−3
電話・03−3918−5411（営業）　03−3918−5301（編集）
振替・00160−3−84647
印刷、製本・凸版印刷株式会社

ISBN978-4-7895-4826-7

村上昭子 *Murakami Akiko*
杵島直美 *Kijima Naomi*

表紙撮影・澤井秀夫●料理撮影・中村淳（新規撮影）、高田隆、越田悟全●調理アシスタント・木村寛子、杵島隆太●装丁、デザイン・松沢寛デザイン事務所